CUSTOM i STUDY

カスタム アイ スタディ

小4

英語 | 国語 | 算数

理科 | 社会

about CUSTOM i STUDY

『カスタムアイスタディ』は、おしゃれが大スキな小学生のための問題集だよ！
おうちの方といっしょに、問題集・付録の使い方や、特集ページを読んでみてね☆

CONCEPT

1. 小学4年生で習う5教科の基本が、この1冊で学べちゃう♪
2. 「ニコ☆プチ」コラボの特集ページでやる気UP↑↑
3. 手帳に予定を書きこんで、勉強も遊びも自分でカスタム☆

もくじ

問題集の使い方

すべての教科で、1単元1～2ページの構成になっているよ。
1ページに2つの大きな問題があるから、1日に取り組む問題の数を
自分で決めることができるね。取り組むペースに迷ったら、
5ページの「スタディタイプ診断」で、自分にぴったりなコースを見つけよう！

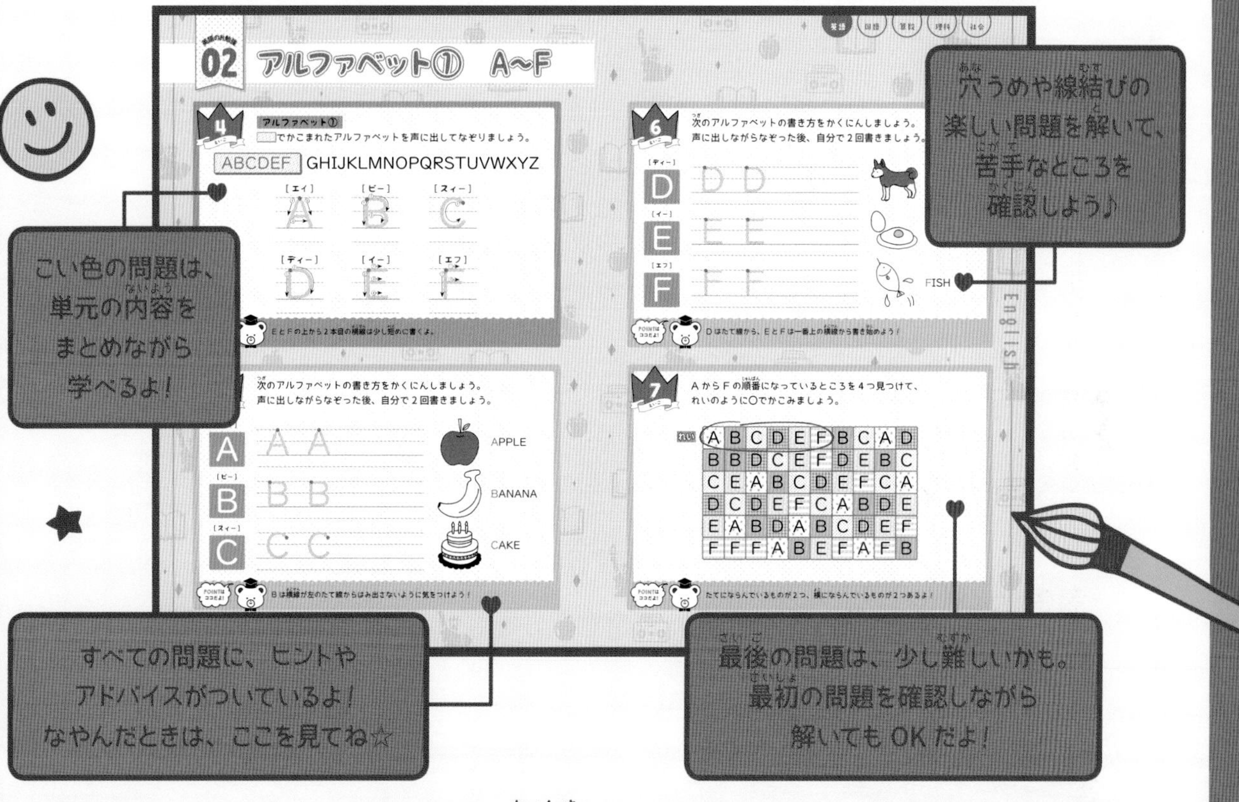

\ いろんな問題形式で楽しく学べちゃう♪ /

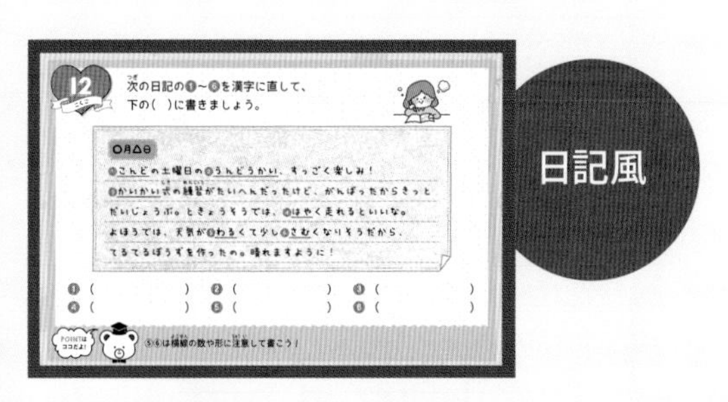

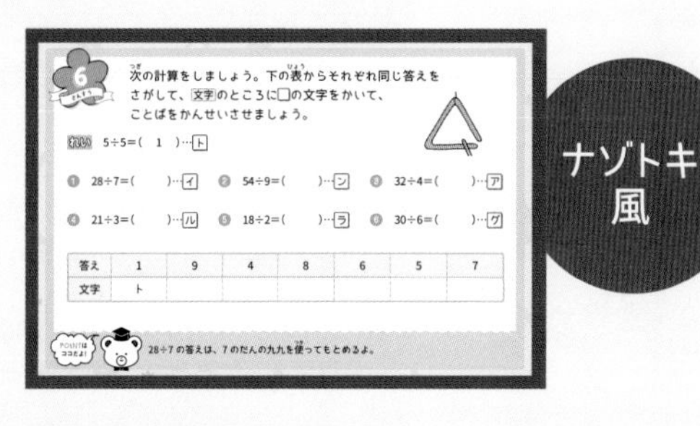

手帳・シールの使い方

1週間ごとに問題集に取り組む予定を書きこんで、
クリアしたものをチェックしていくよ！
予定シールやデコシールをはって、自分だけのオリジナル手帳にカスタムしよう☆

スケジュール

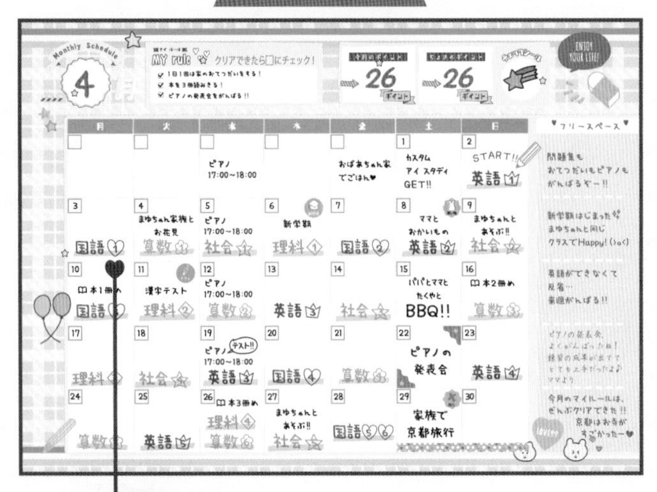

その日取り組む
問題番号を書きこむよ♪

How To Use

1 1週間分の予定を書きこむ。

遊びや習いごとの予定も書いちゃお☆

2 その日クリアした予定をチェックする。

ペンやマーカーでかわいくデコろう♪

3 1週間をふりかえる。

がんばった自分をほめてあげてね！

シール

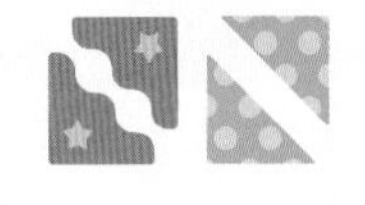

メモ

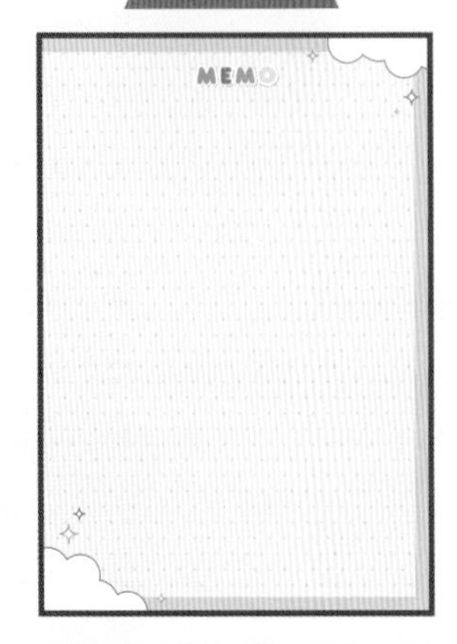

お絵かきやちょっとした
メモ書きに。自由に使ってね♪

プロフィール

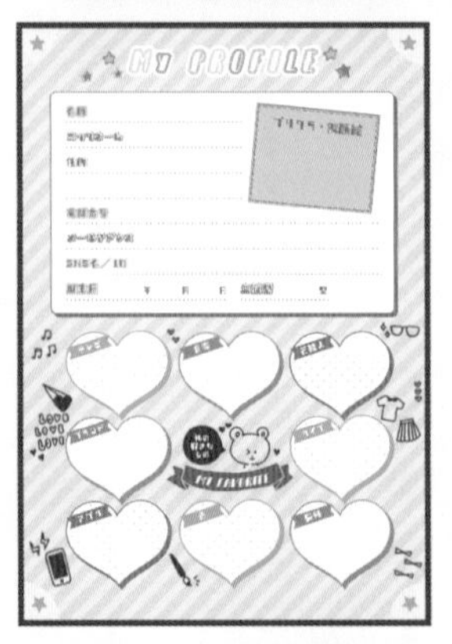

覚えておきたい情報や、
自分の成長の記録にもなるよ☆

時間割

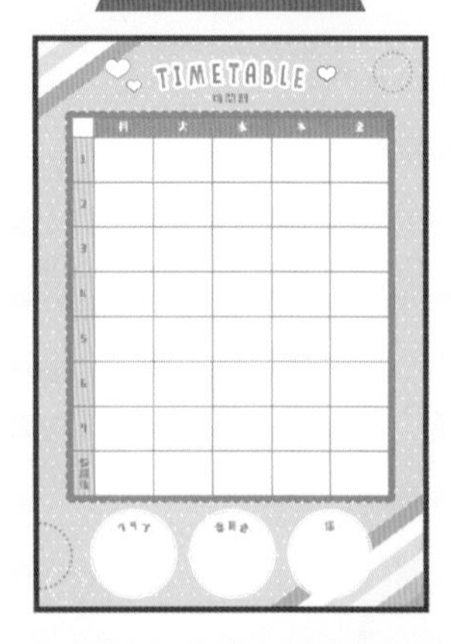

スケジュールをたてるために、
時間割のチェックは大事！

「カスタムアイスタディ」をGETしたけど
最後まで続けられるかな？

自分にぴったりの
「スタディタイプ」を見つけてね☆

「スタディタイプ診断」で「YES」「NO」に答えて
それぞれのタイプのスケジュールのたて方や
勉強テクをマネしてみよう！

スタディタイプ診断

START

- 流行のファッションをチェックしている
  - Yes → 好きなものは最初に食べるほう？
  - No → 負けずぎらいなほうだ
- 負けずぎらいなほうだ
  - Yes → 予定を立てるのはニガテ
  - No → かわいいよりかっこいいっていわれたい！
- 予定を立てるのはニガテ
  - Yes → めんどう見がいいってよくいわれる
  - No → かわいいよりかっこいいっていわれたい！
- 好きなものは最初に食べるほう？
  - Yes → どちらかというとあまえるのが上手
  - No → かわいいよりかっこいいっていわれたい！／その日に必ずやることを決めている
- かわいいよりかっこいいっていわれたい！
  - Yes → その日に必ずやることを決めている
- めんどう見がいいってよくいわれる
  - Yes → その日に必ずやることを決めている
  - No → 今、習いごとに夢中！
- どちらかというとあまえるのが上手
  - Yes → 毎日コツコツタイプ
  - No → サクサク先どりタイプ
- その日に必ずやることを決めている
  - Yes → サクサク先どりタイプ
  - No → 毎日コツコツタイプ
- 今、習いごとに夢中！
  - Yes → 夢も勉強も欲ばりタイプ
  - No → サクサク先どりタイプ

自分のペースで少しずつ進めるタイプのあなたは、毎日1題ずつ取り組んでみよう！約半年でマスターできるよ☆

▶ p.006-007

サクサク先どりタイプ

あれもこれもちょう戦したいタイプのあなたは、毎日2題ずつ取り組んでみよう！約3ヶ月でマスターできるよ☆

▶ p.008-009

夢も勉強も欲ばりタイプ

やりたいことに一生けん命なあなたは、1週間に4題取り組んでみよう！約1年でマスターできるよ☆

▶ p.010-011

マイペースに少しずつ！
毎日コツコツタイプ
読書もピアノも
毎日少しずつ!!
1ヶ月でデキル子に
なる!!
すごーい!!
1日1回のおてつだい！
この日は朝から
がんばっちゃった
平日のスケジュール
7:00
8:00
16:00
17:00
18:00
18:30
19:30
20:30
21:30
22:00
22:30
起きる
お花の水やり→
朝ごはん→通学
学校
きゅうけい→ピアノ教室へ！
ピアノのおけいこ
帰る
夕ごはん
学校のHWとカスタム
おふろ
ママとマッサージしあいっこ
読書
ねる
わたしの1日
Monthly Schedule
4
MY rule
クリアできたら□にチェッ
1日1回は家のおてつだいをする！
本を3冊読みきる！
ピアノの発表会をがんばる!!
月
火
水
木
ピアノ
17:00～18:00
3
国語1
4
まゆちゃん家族と
お花見
算数1
5
ピアノ
17:00～18:00
社会1
6
新学
理科
10
本1冊め
国語3
11
漢字テスト
理科2
12
ピアノ
17:00～18:00
算数2
13
英語
17
理科3
18
社会4
19
テスト!!
ピアノ
17:00～18:00
英語3
20
国語
24
算数5
25
英語5
26
本3冊
理科
27
この日、めっちゃ
スッキリねむれたなぁ。
なんでだろう？
!?
ねる前の読書が
いいのかも?!
Point!!
毎日1問ずつ
解いていくのがポイント
時間を決めておくといいかも？
わたしはおふろの前！

『毎日コツコツタイプ』さんのトクチョウ

＃マイペース　＃あまえ上手

友だちから「マジメ」「字がキレイ」とよく言われる！
そんなアナタは、自分のペースで努力を続けることができるはず☆
小さなコツコツを積み重ねて、１年後にはもっとステキな自分になろう！

勉強や習いごとをがんばった日は、
ペンやシールでかわいくデコって、自分をほめちゃおう☆

休日のスケジュール

	起きる
8:30	朝ごはん→したく
10:00	ママとおかいもの！
14:00	きゅうけい！
15:00	ピアノの練習
16:00	パパとたくやとおさんぽ
17:00	夕ごはんのおてつだい
18:00	夕ごはん
19:00	学校のHWとカスタム
20:00	おふろ
21:00	とりためてたドラマをみんなで見る
22:30	ねる

勉強のお守り買ってもらったよ！
レンアイのお守りもほしかったな

休みの日も
しっかりコツコツ！

がんばれ！

いろんなことに興味シンシン！
サクサク先どりタイプ
Good Point！
朝の時間を活用してるんだね！
朝は問題を1問解くって決めてるの！
今月は予定がいっぱい！メリハリつけてがんばるぞ～
平日のスケジュール
起きる
7:00
カスタム
7:30
朝ごはん→通学
8:00
学校
16:00
英会話
17:30
きゅうけい！
18:30
学校のHWとカスタム
19:30
夕ごはん
20:30
おふろ
21:00
テレビ見ながら家族とおしゃべり
22:30
ねる
Monthly Schedule
5月
MY rule
クリアできたら□にチェック
塾の宿題は次の日におわらせる！
英会話でならった単語は、次の週までにおぼえる
土日は家のお手伝いする！
月
火
水
木
1 英語 国語
2 算数 理科
3 GOOD! おじいちゃんの家
4
8 算数 理科
9 英会話 16:00～17:30 社会 英語
10 おこづかい日♥ 国語 算数
11 理科 社会
15 理科 社会
16 英会話 16:00～17:30 国語 算数
17 理科 社会
18 英語 国語
22 買い物 あすかとかいもの 国語 算数
23 英会話 16:00～17:30 理科 社会
24 遠足 遠足
25 英語 国語
29
30 英会話 16:00～17:30 算数 理科
31 テスト 音楽のテスト！ 社会
少しずつ英語を話せるようになって楽しい★めざせ！海外！
カッコイイ～
今回の遠足ではミュージカルを見に行くんだって！楽しみ～～♪

『サクサク先どりタイプ』さんのトクチョウ

#できるコ　#たよれるリーダー

しっかり者で「かっこよくなりたい」コが多いタイプ！
アナタはきっと、自分みがきをがんばる努力家なはず☆
もっとデキル自分になるために、小さな目標を決めるといいよ♪

約束やイベントがある日をカラフルにデコっちゃおう♡
その日にむかって、やる気もアップ！

金	土	日
旅行 まり!! →	6 あすかの誕生日 社会 9	7 英語 10 国語 10
0~19:30 語 12	13 国語 12 算数 13	14 イベント まきとあやと遊園地
0~19:30 数 15	20 お母さんとあすかとピクニック♪ 理科 15	21 理科 15 社会 14
テスト 0~19:30	27 美容院 美容院 算数 17 理科 17	28 買い物 あやと映画&ショッピング 社会 16

フリースペース

ひさしぶりに
おじいちゃんに会えた!!
庭でいっぱいあそんだ!!

遊園地にいくために、
カスタムも宿題も
しっかり頑張れたよ！

ピクニック、とても楽しかったね。
その日にできなかった勉強を、
次の日にしっかりやっていて、
とてもエラい！！！

遠足のミュージカル、
とっても感動した!!!
俳優さんたちが
とてもかっこよかった♥

歌のテスト、とっても
キンチョーした!!（>△<）
でも、先生に「上手！」
ってほめられたよ！

妹といっしょに
アイドルのダンスを
見ながらおどるのが
すき♡

どんなことでも一生ケンメイ！
夢も勉強も欲ばりタイプ
#Morning Routine♡
スッキリめざめて
1日ゲンキ！！
おはよ〜！
Good Point！
朝から
エネルギッシュ！
今月末は運動会！
1位になるために
がんばるよ！
平日のスケジュール
7:00
7:30
8:00
16:00
17:00
18:00
19:30
20:30
21:30
22:30
起きる
ランニング
朝ごはん→通学
学校
きゅうけい！
バレエの練習
夕ごはんのおてつだい
→夕ごはん
学校のHWとカスタム
おふろ
テレビ見ながらストレッチ
ねる
Monthly Schedule
9月
MY rule クリアできたら□にチェッ
2日に1度は運動する！
運動会の50m走で1位をとる！
塾のテストで90点以上とる！！
月
火
水
木
3 新学期 算数19
4 理科17 社会17
5 ゆうくんの家でゲーム大会！
6 塾 17:30〜1
10 国語19
11 算数20
12 塾のテスト勉強！！
13 塾 17:30〜1
17 英語18
18 国語20
19 新刊本発売日 算数21
20 塾 17:30〜1 理科
24 社会17
25 さっきーバースデー 英語19
26 国語21 算数
27 塾 17:30〜1
やらない日があってもOK！！
ムリのないペースで
がんばろう！
#Night Routine
毎日続けて
やわらかく
するぞー！！
この2日間は読みたい本が
あったから一気読みしちゃった
その分、土曜日にお勉強を
がんばったよ！！

『夢も勉強も欲ばりタイプ』さんのトクチョウ

#めちゃパワフル　#カラダが先に動いちゃう

エネルギッシュで、「やりたい!」と思ったことはすぐに行動（こうどう）しちゃう!
自分がやりたいことは、先にしちゃってOK♪
後回しにしたことも、ちゃんとカバーできる人になっちゃおう★

「勉強（べんきょう）できなかった」日は、夜のうちにスケジュールを見直して、かわりの日をすぐ決（き）めちゃおう!

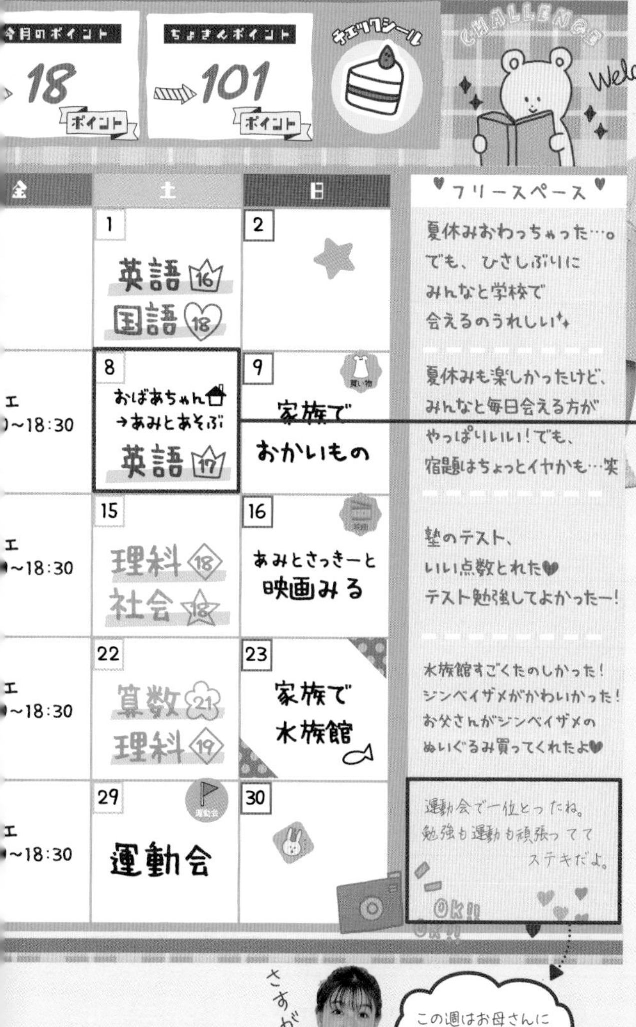

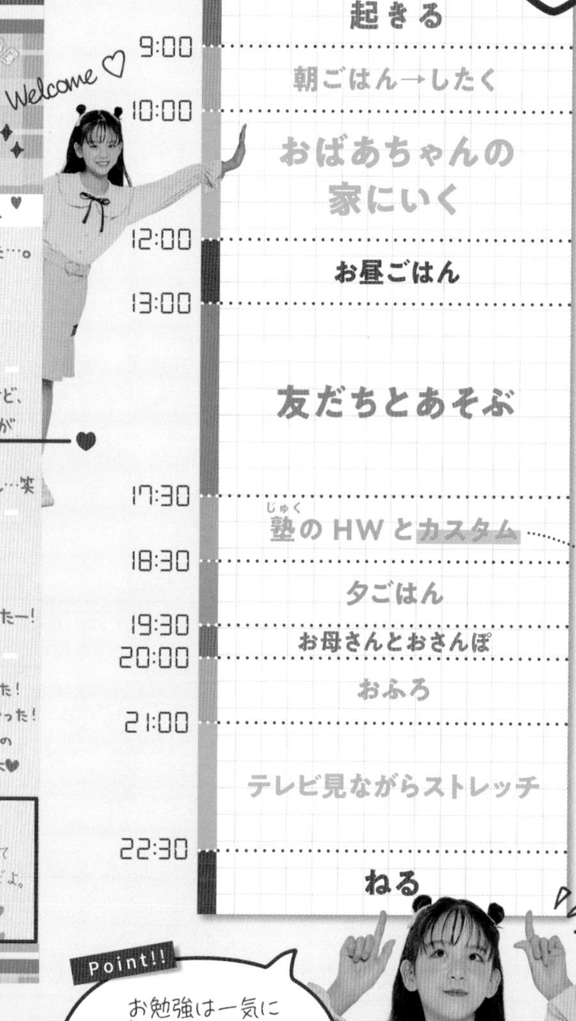

さすが!

この週はお母さんにほめられたよ♢

Point!!
お勉強は一気に終（お）わらせちゃう!
日曜日はゆっくりしたいからネ!

小学生が知りたい！なんでも

学校へん

小学生115人にきいてみたよ。
みんなに学校とおうちでのことをいろいろ教えてもらっちゃった♪

Q ランドセルの色はなに色？

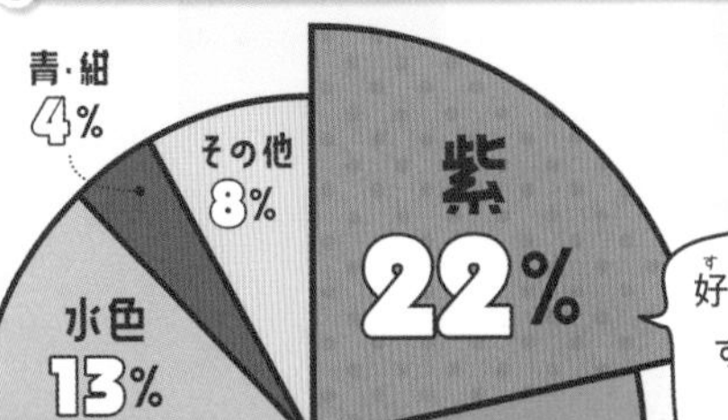

好きな色のランドセルにすると学校に行くのも楽しくなるね♪

ビビットピンクのランドセルの子もいてまさに十人十色だね！

Q 学校ではなんのクラブ（部活）にはいってる？

1位 手芸クラブ
2位 家庭科クラブ
パソコンクラブ
バドミントンクラブ

Q 好きな教科は？

図工の授業が大人気だね☆ キミはなにを作りたい？

1位 図工　2位 体育　3位 音楽

Q 将来の夢はある？

ある 73%
ない 27%

今はまだ見つからなくてもダイジョウブ！あせらずに自分の好きなものやことを見つけることから始めよう！

Q ニガテな教科は？

1位 算数　2位 社会　3位 国語

ニガテな教科をこくふくすると、楽しく勉強できるようになるかも♡

Q 「ある」と答えた人は将来の夢を教えて！

薬ざい師
じゅう医
イラストレーター
学校の先生
助産師
パティシエ
アイドル
YouTuber
作家

Q 好きな学校の行事を教えて！

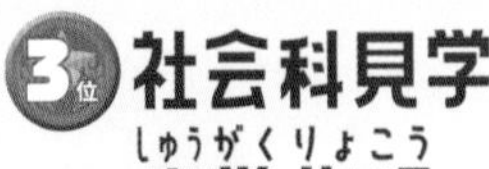

1位 遠足　2位 運動会　3位 社会科見学、修学旅行

おやつを持っていくと盛り上がることまちがいナシ！

みんなの知りたかったことはあったかな？
学校とおうちでの過ごし方の参考にしてね。

Q 習いごとはしてる？

※複数回答あり

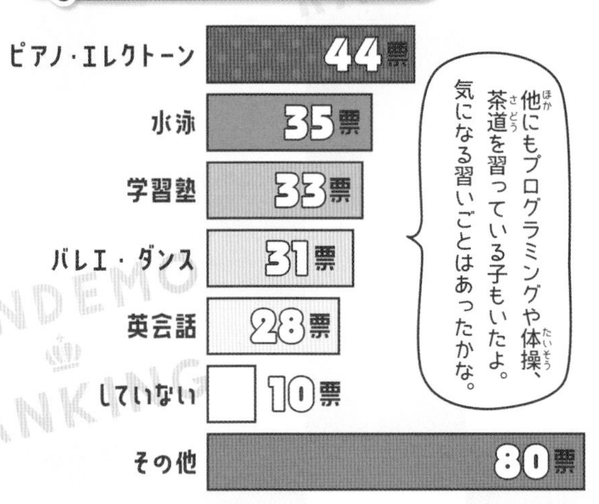

他にもプログラミングや体操、茶道を習っている子もいたよ。気になる習いごとはあったかな。

Q 朝ごはんはパン派？ご飯派？

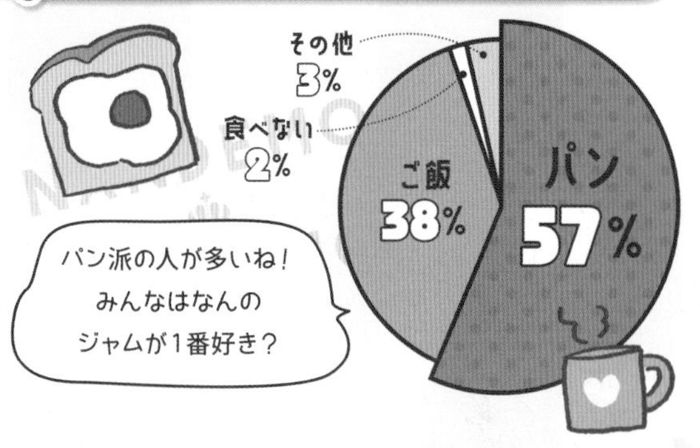

パン派の人が多いね！みんなはなんのジャムが1番好き？

Q 毎日なん時ごろに起きてる？

1位 6時30分
2位 ~7時
3位 ~6時

Q スマホ・ケータイは持ってる？

自分専用のものを持っている 46%
持っていない 34%
家の人のものを持っている 20%

スマホもケータイも便利だけど、安全に使うことが大事だよ！SNSとの付き合い方を考えよう。

Q 毎日なん時ごろにねてる？

1位 21時台
2位 22時台
3位 20時台

Q おこづかいは毎月いくらもらってる？

1位 もらっていない
2位 501~1000円
3位 301~500円

もらってない人の方が多いんだね！もしもらえたらみんなはなににおこづかいを使う？

Q おこづかいはなにに使ってる？

1位 文具
2位 本
3位 飲み物
4位 友達との遊び
5位 コスメ

いろんな使い方があるね！なにに使おうかなやんじゃう～！

モチベアップ♥テク紹介

ニコ☆プチ読者モデル（プチ㊦読）のみんなに毎日の勉強のモチベーションを上げる方法をきいてみたよ。みんなにぴったりのテクが見つかるはず…！

01

自分の好きなものに囲まれて勉強することでモチベアップ♡ 文具にもこだわるよ。

プチ㊦読のオススメ

- かわいいペンを使うよ！（ERENA ちゃん・小6）
- 筆箱は化しょうポーチにもなるようなかわいいポーチにするとよい！（ゆちゃん・小6）
- かわいいガラの新しいグッズをゲットするとやる気がでるよ。（RIRIN ちゃん・小6）

02

がんばった先にあるごほうびタイムを想像すれば、やる気がみなぎってくる！

プチ㊦読のオススメ

- 勉強後にYouTubeを見たり、ゲームをしたりすることを想像してモチベを上げるの♪（もなちゃん・小5）
- テストで 100 点とったらお父さんとお母さんからごほうびがもらえる！（みーたんちゃん・小2）
- 勉強が終わったらおやつを食べられることにしてモチベアップ！（キララちゃん・小2）

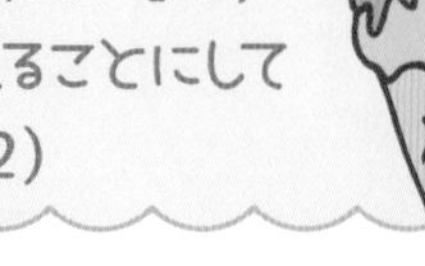

03

勉強机も素敵にデコレーションしてモチベアップ！ 座りたい机まわりにすることで、宿題をやりたくなっちゃうかも!?

プチ㊦読のオススメ

- K-POP 大人気グループのグッズを置いてモチベアップ♡（みゆちゃん・小5）
- 机の横にぬいぐるみを置いて集中！（りおなちゃん・小5）
- 机の上に好きなキャラクターのグッズを置いてやる気アップ！ 推し活グッズは大事！（ひなたちゃん・小4）

motivation up

04

いやしグッズ

いやしグッズで心も身体もリフレッシュ！みんなはなににいやされてるのかな？

プチ㊙のオススメ

- 多肉植物を置いてモチベ＆いやし度アップ！（こっちゃん・小5）
- ねこをなでるといやされるよ☆（あおにゃーちゃん・小6）
- クマのグッズにいやされているよ♪いろんな種類のクマが好き！（つむつむちゃん・小4）

プチ㊙のオススメ

- 勉強前にボーカロイド曲をきくとテンション＆モチベアップ！（ゆあちゃん・小6）
- ポップな音楽をきいてモチベを上げるよ。K-POPやドラマの主題歌をよくきくかな♪（ナナちゃん・小4）
- 音楽をききながら勉強をするよ。今はやりの曲やTikTokメドレーがオススメ！（みきちゃん・小6）

05

音楽をきく

音楽をきいてモチベを上げる子がいっぱい！ノリノリな曲をきいてテンションを上げよう☆

06

その他

プチ㊙のみんなが教えてくれた「モチベアップ♡テク」はまだまだあるよ！ここで紹介するね♪

プチ㊙のオススメ

- ママとのハグでモチベアップ♡（みやねこちゃん・小4）
- 好きな人が頭が良いから、テストで100点を取って話しかけるネタを作るの！（みやかちゃん・小5）
- 先に遊んでから宿題をするのもオススメ♪先に遊んだことで宿題をしなきゃいけない気持ちになるよ。（KURUMIちゃん・小5）

COLUMN

親子で知りたい！ YouTubeとの付き合い方

小学生の子どもをもつ保護者1676人に「お子さまがよく見るSNSやアプリは？」と聞いたところ、約7割が「YouTube」という回答でした。また、家庭学習のおなやみについて聞いたところ、「YouTubeと勉強のメリハリがつけられていない」「時間配分がわからない」「学校支給のタブレットがあるから、すぐにYouTubeをみてしまう」などのおなやみが多数寄せられました。今回は、本書の監修者である石田先生に「親子でどのようにしてYouTubeと付き合っていくか」という観点で、お話をうかがいました。

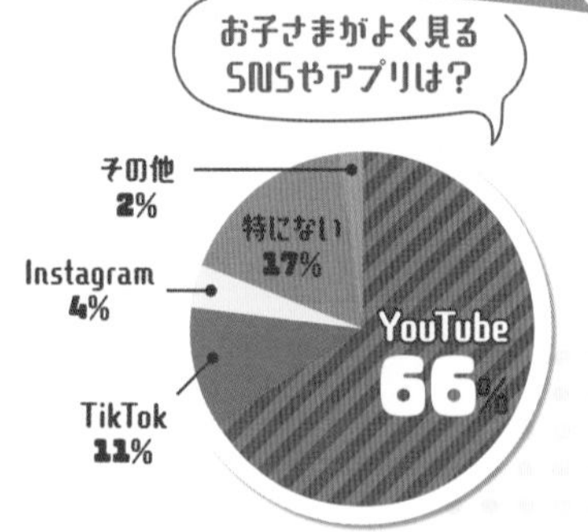

YouTube vs 勉強！メリハリのつけかた

近年、**小学生がなりたい職業の1位は「YouTuber」**となっています。それほどYouTubeが子どもたちにあたえるえいきょうは大きいということです。しかしコロナ禍になり、YouTubeを見るだけでなく、発信する大人も増えました。それだけYouTubeは私たちにとって身近なものとなっています。YouTubeで学習することもあれば、ききたい音楽をきくこともできる多様なメディアになりました。

このように魅力的なYouTubeですから、当然のことながら、**一度見始めるとやめられなくなり、いつしか何時間も見る**ことになります。またテレビと違って、近いきょりで画面を見続けるため、**目も悪くなります。**良いことがある反面、悪いこともあるわけです。ではどうしたらいいでしょうか。

上手に付き合えばいいわけです。そのためには2つのことが必要です。1つは**「時間管理」**、もう1つは**「ルール作り」**です。

「時間管理」と「ルール作り」

時間管理のコツは**「見える化」**です。『カスタムアイスタディ』のQ&Aでも書いているように、いつ何をやるのかを紙に書き出して、終わったら赤ペンで消していきます。その際、動画を先に見るのか、宿題を先にやるのかを決めます。迷ったらどちらの順番も試してみて、動画と宿題の両方ともできる方を選択しましょう。

ルール作りのコツは**「親子でいっしょに作る」**ことです。親の一方的なルールでは機能しません。

ルールの決め方

1. 子どもはどう使いたいのかを話す
2. 親はどう使ってほしいのかを話す
3. ①②をもとに話し合ってルールを決める

ポイント

- ルールを守れなかったときのペナルティも子ども→親の順で決めておく
- 話し合いの様子を動画でさつえいしておく
- 1週間試してルールの修正をする

ルール決めは「子ども→親→話し合い」の流れで、**子どもが納得するルールで始める**ことです。しかし、一度決めたルールはほぼ間違いなく守られません。そこで1週間後に修正することも、あらかじめ決めておきましょう。

これからの時代は娯楽だけでなく勉強も**「ゲーム的、動画で学ぶ・知る・楽しむ」**が主流になります。無闇やたらに厳しい制限も良くなく、心身に問題が出るほど自由にやりたい放題するのも良くありません。**楽しむことができる水準を親子で決めていく**ことをおすすめします。

監修者 石田勝紀先生

(一社)教育デザインラボ代表理事。20歳で学習塾を創業し、これまでに4000人以上の生徒を直接指導。現在は子育てや教育のノウハウを、「カフェスタイル勉強会～Mama Cafe」などを通じて伝えている。

Custom i Study

～お勉強編～

もくじ

小文字の読み書きや
色などの単語を学ぶよ！
キミは何色が好きかな？

～英語のお勉強～

～国語のお勉強～

いろいろな四角形を学んだら、
ノートや手紙もデコれちゃう♪

～算数のお勉強～

漢字辞典には
調べ方がたくさんあるから
要チェック！

あたたかい・つめたいで、
どんなことが
変わるかな？

～理科のお勉強～

都道府県の特ちょうを知ろう!
キミの住んでいるところは
どんなところ？

～社会のお勉強～

なやみ解決★

おしえてっ! 石田Ⓣ Q&A

みんなの勉強のなやみに石田先生がお答え！ おうちの方といっしょに読んでみてね。

みんな

勉強っていつすればいいの？ 習い事に宿題に…時間がない!!

そうだね。いつやったらいいか、難しいよね。それは、自分のやることが、なんとなく頭の中に入っているだけだからなんだ。そんな時は、「やることを紙に書き出してみる」といい。手帳に書くのがおすすめだよ。今まで時間がないと思っていたのに、たくさん時間があることがわかるよ。

みんな

勉強しなさい!って言われるのがイヤ…

なんで、大人は「勉強しなさい!」っていうんだろう？今やるべきことをやっていないと、後が大変だと知っているからじゃないかな。でも、言われるのはイヤだから、「言われる前に先にやってしまう」ために、「いつやるか」を決めておくといいよ。手帳に「6時～7時で勉強」とか書いておけば、おうちの人もわかってくれるね。（ただし、書いたらその通りやるようにね！）

みんな

苦手な教科はやる気がしない…

そうだね。でも、苦手といってにげていたら、全くできない教科になるね。いい方法があるよ。それは、「サンドウィッチ方式」という方法。パンでハムをはさんでいるように、勉強するときも「好きな教科→苦手教科→好きな教科」の順にやってしまおう。最後に苦手教科が残っているのはイヤだよね。だから苦手教科は好きな教科にはさむといいよ。

みんな

手帳のポイント制って何？どうすればいいの？

例えば、プリント1枚やったら1ポイントというように、手帳に書いてある「やるべきことを1つやったら入る点数のこと」をポイントというよ。ポイントは君がコツコツがんばった印なんだ。自分がどれだけやったかが「見える」とやる気がでるよね。ポイント制をぜひ試してみてね。

~英語のお勉強~

もくじ

＊アルファベットの書き順は1つではありません。この本では代表的なものを示しています。

英語のお勉強 01

アルファベット

アルファベット

アルファベットの大文字と小文字を声に出して、読む練習をしましょう。

a b c d e f g h i j k l m n o p q r s t u v w x y z

[エイ] Aa　[ビー] Bb　[スィー] Cc　[ディー] Dd　[イー] Ee

[エフ] Ff　[ヂー] Gg　[エイチ] Hh　[アイ] Ii　[ヂェイ] Jj

[ケイ] Kk　[エル] Ll　[エム] Mm　[エン] Nn　[オウ] Oo

[ピー] Pp　[キュー] Qq　[アー] Rr　[エス] Ss　[ティー] Tt

[ユー] Uu　[ヴィー] Vv　[ダブリュー] Ww　[エックス] Xx　[ワイ] Yy

[ズィー] Zz

a，d，e，g，q，r は大文字と小文字で形が全くちがうね。

English

上の大文字に対応する小文字を下から選び、線で結びましょう。

J	E	A	G	P
g	j	p	e	a

JとPの小文字は、大文字と形がにているよ。

aからzまで、アルファベットの順番になるように、
表の❶～❽にあてはまる小文字を下から選び、記号を書きましょう。

スタート→	a	❶	c	❷	e	f
g	❸	i	j	k	❹	m
n	o	❺	❻	r	s	❼
u	v	w	x	❽	z	→ゴール

㋐ d　㋑ q　㋒ y　㋓ t　㋔ b　㋕ p　㋖ l　㋗ h

POINTは
ココだよ!

aから順番に、リズムに乗って進んで行こう♪

答え2ページ

アルファベット① a~h

アルファベット①

▨でかこまれたアルファベットを声に出してなぞりましょう。

a b c d e f g h i j k l m n o p q r s t u v w x y z

[エイ]

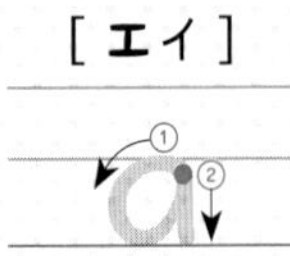

[ビー]

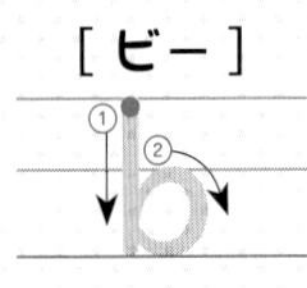

[スィー]

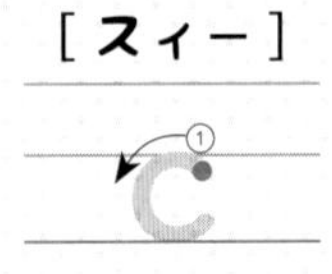

[ディー]

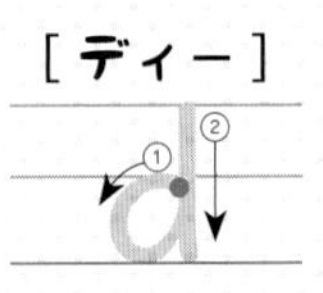

[イー]

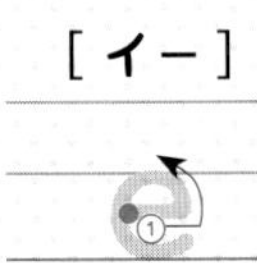

[エフ]

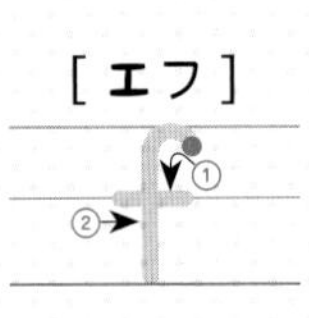

[ヂー]

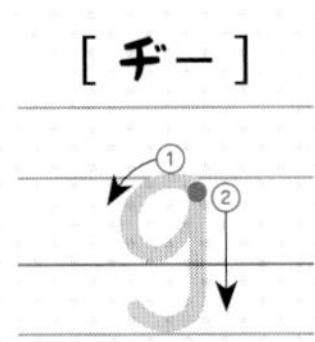

[エイチ]

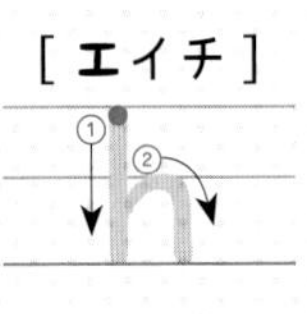

b と d の向きのちがいをしっかり覚(おぼ)えよう。

次のアルファベットの書き方をかくにんしましょう。
声に出しながらなぞった後、自分で 2 回書きましょう。

[エイ] a　a　a

apple

[ビー] b　b　b

banana

[スィー] c　c　c

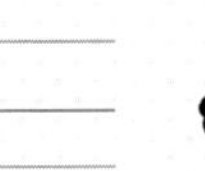

cake

[ディー]

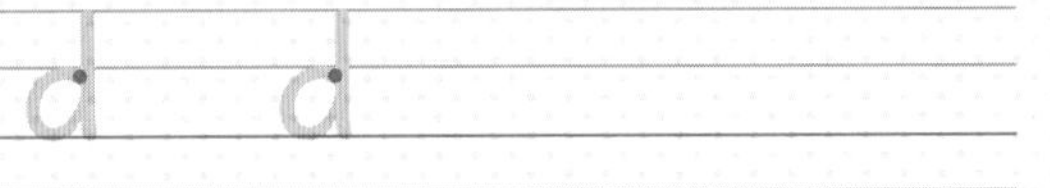

dog

POINTは ココだよ!

b はたて線、d は曲線を最初(さいしょ)に書くよ。

English

次のアルファベットの書き方をかくにんしましょう。
声に出しながらなぞった後、自分で２回書きましょう。

［イー］ e　e　e　egg

［エフ］

f　f　f　fish

［ヂー］

g　g　g

guitar

［エイチ］ h　h　h

heart

ｇは４本目の線にくっつけて書こう。

ａからｈの順（じゅん）にくり返したどって、ゴールまで進みましょう。
ただし、ななめには進めません。

a	b	h	b	e	g	c	h
d	c	e	c	d	e	d	e
c	d	h	b	e	a	c	f
b	e	f	a	f	g	b	g
f	b	g	h	e	h	a	h

ａとｃとｅ，ｂとｄをまちがえないように注意して進もう！

English

英語のお勉強 03

アルファベット② i~p

アルファベット②

▨でかこまれたアルファベットを声に出してなぞりましょう。

abcdefgh ijklmnop qrstuvwxyz

[アイ]

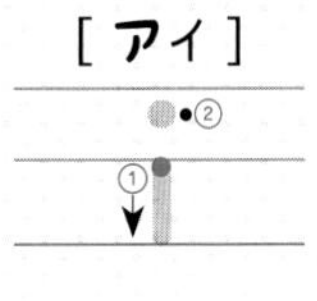

[ヂェイ]

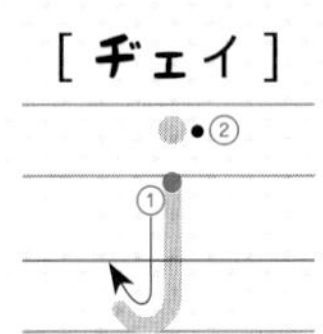

[ケイ]

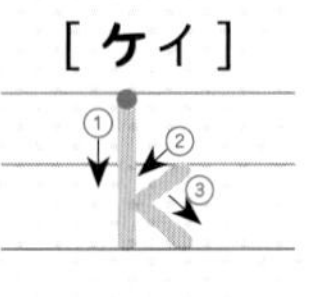

[エル]

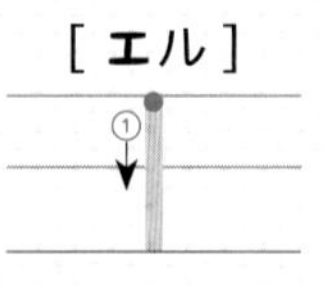

[エム]

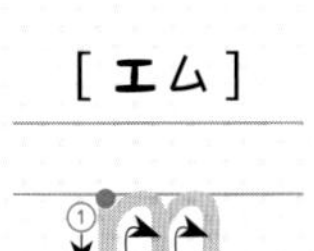

[エン]

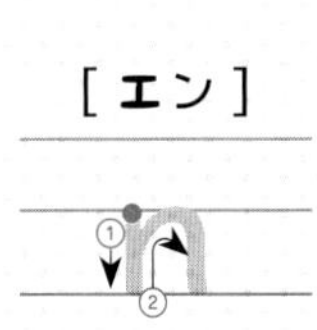

[オウ]

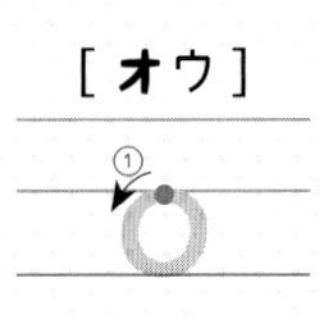

[ピー]

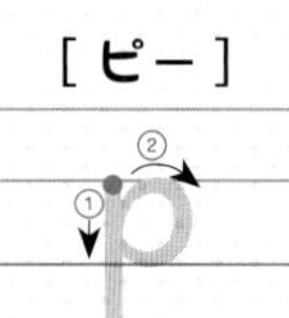

k，m，n，o，p は大文字と小文字を書きまちがえないように注意！

次のアルファベットの書き方をかくにんしましょう。
声に出しながらなぞった後、自分で２回書きましょう。

[アイ]

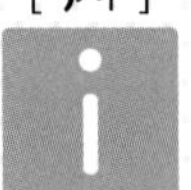

ink

[ヂェイ]

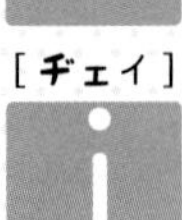

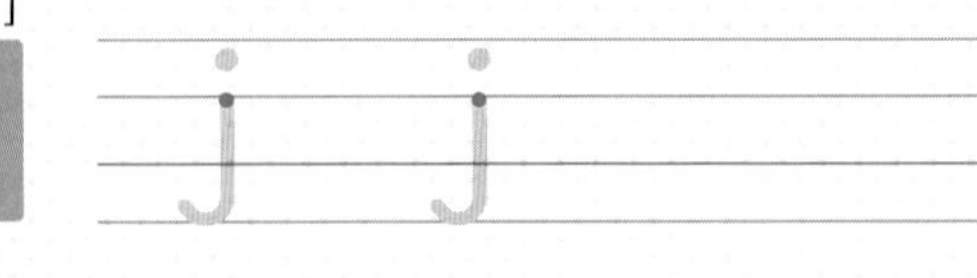

juice

[ケイ]

king

[エル]

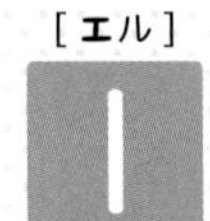

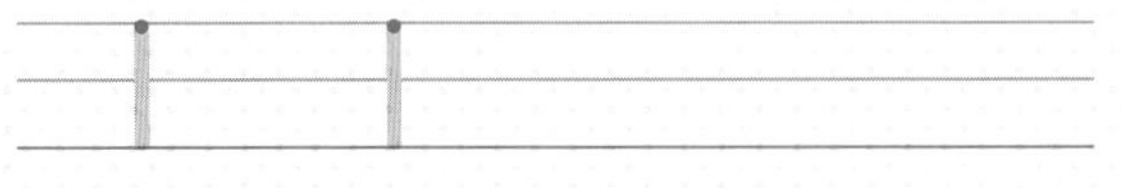

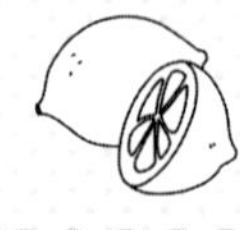

lemon

i と j の点は、上から１本目と２本目の線の間に書くよ。

English

次のアルファベットの書き方をかくにんしましょう。
声に出しながらなぞった後、自分で2回書きましょう。

［エム］

m m
monkey

［エン］

n n
notebook

［オウ］

o o
onion

［ピー］

p p
piano

m，n，oは上から2本目と3本目の線の間に書くよ。

次の大文字で書かれた単語を小文字に直して書きましょう。

1 

→

2 

MILK →

3 

→

A，B，Dの小文字はa，b，dだったね。

英語のお勉強 04

アルファベット③ q〜z

アルファベット③

でかこまれたアルファベットを声に出してなぞりましょう。

a b c d e f g h i j k l m n o p q r s t u v w x y z

[キュー] q　[アー] r　[エス] s　[ティー] t　[ユー] u

[ヴィー] v　[ダブリュー] w　[エックス] x　[ワイ] y　[ズィー] z

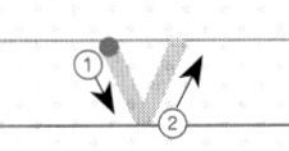
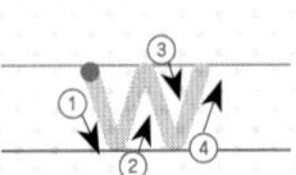

POINTはココだよ！ s，v，w，x，zは大文字と小文字を書きまちがえないように注意！

次のアルファベットの書き方をかくにんしましょう。
声に出しながらなぞった後、自分で２回書きましょう。

[キュー] q　q q　queen

[アー] r　r r　rabbit

[エス] s　s s　star

POINTはココだよ！ pとqを書きまちがえないように注意しよう！

14 えいご

次のアルファベットの書き方をかくにんしましょう。
声に出しながらなぞった後、自分で２回書きましょう。

［ティー］

t t

tennis

［ユー］
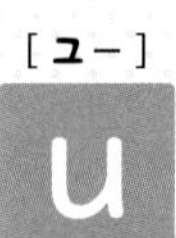
u u

umbrella

［ヴィー］
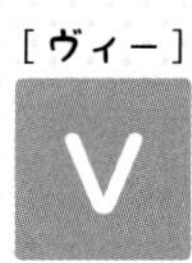
v v

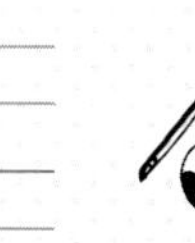
violin

POINTはココだよ！ uとvを書きまちがえないように注意しよう！

15 えいご

次のアルファベットの書き方をかくにんしましょう。
声に出しながらなぞった後、自分で２回書きましょう。

［ダブリュー］

w w

watch

［エックス］

x x

box

［ワイ］

y y

yacht

［ズィー］

z z

zoo

POINTはココだよ！ yの左の線は上から３本目の線まで、右の線は４本目の線まで書くよ。

英語のお勉強 05

身のまわりの単語(たんご)① 

動物を表す単語

声に出しながらなぞってみましょう。

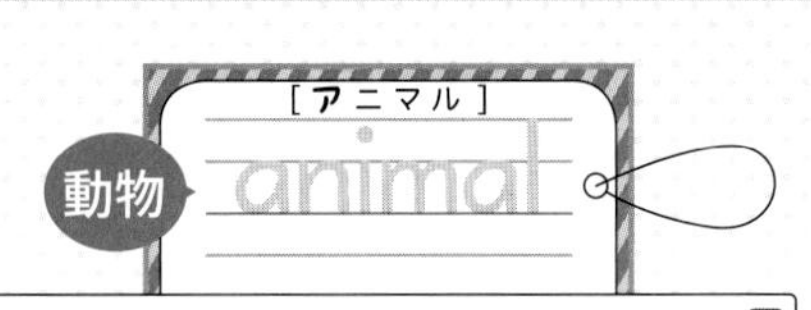

イヌ[ド(ー)グ] dog	ネコ[キャット] cat	サル[マンキィ] monkey
ニワトリ[チキン] chicken	ウシ[カウ] cow	ウマ[ホース] horse
ヒツジ[シープ] sheep	パンダ[パンダ] panda	トラ[タイガァ] tiger

POINTはココだよ! ウサギは rabbit[ラビット]、ライオンは lion[ライオン]だよ。

絵に合う単語になるように、□にアルファベットの d, e, i, r のいずれかを1つずつ入れましょう。

pan□a

② 

t□ger

③ 

sh□ep

④ 

ho□se

POINTはココだよ! ヒツジは[シープ]と発音するよ。

English

身のまわりの単語② 数

数を表す単語

声に出しながらなぞってみましょう。

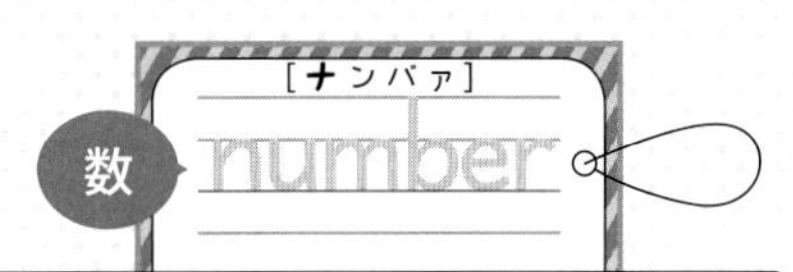

1[ワン] one	2[トゥー] two	3[スリー] three	4[フォー] four
5[ファイヴ] five	6[スィックス] six	7[セヴン] seven	8[エイト] eight
9[ナイン] nine	10[テン] ten	11[イレヴン] eleven	12[トゥウェルヴ] twelve

英語(えいご)の数字は 1 から 12 までを続(つづ)けて覚(おぼ)えておこう。

次の英語(えいご)が表す数だけ、♡に色をぬりましょう。

❶ three ♡♡♡♡♡♡♡♡♡♡♡

❷ five ♡♡♡♡♡♡♡♡♡♡♡

❸ eight ♡♡♡♡♡♡♡♡♡♡♡

❹ eleven ♡♡♡♡♡♡♡♡♡♡♡

それぞれの♡の数も英語で 1 つずつ数えてみよう！

答え 2 ページ

英語のお勉強 07

身のまわりの単語③　色

色を表す単語

声に出しながらなぞってみましょう。

赤[レッド]	青[ブルー]	黄[イェロウ]
red	blue	yellow
茶[ブラウン]	白[(フ)ワイト]	黒[ブラック]
brown	white	black
緑[グリーン]	むらさき[パープル]	ピンク[ピンク]
green	purple	pink

POINTはココだよ！ ふだんから英語(えいご)でよんでいる色もあるね！

次のアルファベットを正しい順番(じゅんばん)にならべて、色を表す単語を3つ作りましょう。

① r d e

② w e i h t

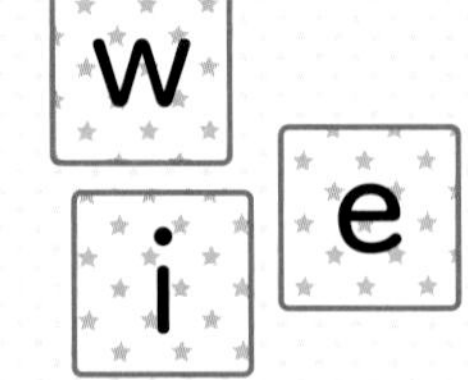

③ e l b u

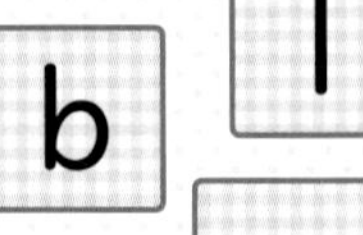

英語はココまで！ 3つの単語はそれぞれr，w，bで始まるよ。

English

Japanese

～国語のお勉強～

もくじ

漢字の部首

いろいろな部首

次の表の(　　)にあてはまる部首の名前や言葉を、
後の□から選んで書きましょう。

部首の位置	部首の例	関係するもの・こと
かんむり	艹　(❶　　　)	草・植物
あし	灬　れっか	(❷　　)
にょう	辶　(❸　　　)	道を行く・進む
へん	氵　(❹　　　)	(❺　　)

水　しんにょう　くさかんむり　さんずい　火

「しんにょう」は「しんにゅう」、「れっか」は「れんが」ともいうよ！

次の漢字と、部首と部首の名前が書かれたふせんを、
それぞれ線で結びましょう。

箱・	・① 心・	・㋐ にんべん
息・	・② 門・	・㋑ もんがまえ
倍・	・③ ⺮・	・㋒ こころ
開・	・④ 亻・	・㋓ たけかんむり

部首の名前は、ひとつひとつ覚えよう！

3 こくご

次の部首をもつ漢字を下のカードから選んで、
2字ずつ書きましょう。

❶ あめかんむり （　　）（　　）　❷ ぎょうにんべん （　　）（　　）

❸ くにがまえ （　　）（　　）　❹ おおざと （　　）（　　）

❺ うかんむり （　　）（　　）

守　国　部　待　安
都　雲　園　役　雪

POINTはココだよ！

「おおざと」は漢字の右側にある部首だよ！

4 こくご

次の表の（　　）にあてはまる部首や漢字を、
後の□から選んで書きましょう。

関係するもの・こと	部首	漢字	
植物・木	木	柱	（❶　　）
糸・おり物	糸	（❷　　）	結
食べ物	（❸　　）	飲	飯
言葉	言	詩	（❹　　）
道を行く・進む	（❺　　）	返	（❻　　）

談　辶　根　送　組　飠

「言」は言葉に関係する部首、などと覚えておくと漢字の意味も覚えやすいよ！

Japanese

漢字辞典の使い方

漢字のさがし方

次の表では、漢字辞典のさくいん方法をまとめています。
（　　）にあてはまる言葉を、後の㋐〜㋔の中から１つずつ選びましょう。

(❶　　　)さくいん	漢字の音か訓の読み方が分かっているときに使う。
(❷　　　)さくいん	(❷)とその画数を手がかりにするときに使う。(❷)は、漢字を分類するとき、(❸　　　)の上で目印とするもの。
(❹　　　)さくいん	漢字の読み方も(❷)も分からないときに使う。 漢字を組み立てるひと続きの線を(❺　　　)といい、その数を合計したものを(❹)という。

㋐ 画　㋑ 形　㋒ 総画　㋓ 音訓　㋔ 部首

漢字辞典はふつう、部首別に画数の少ない漢字からならべてあるよ！

漢字辞典を使って漢字を次のように調べます。□にあてはまる言葉を考えて、ふきだしとふせんを線で結びましょう。

❶ 「係」という漢字は「ケイ」と読むから、□さくいんで調べられるね！　・　　・ ㋐ 総画

❷ 「有」という漢字は全部で６画だから、□さくいんで調べればいいのね！　・　　・ ㋑ 部首

❸ 「港」という漢字は何画だろう？　そうだ！「氵」の部分は３画だから、□さくいんで調べよう！　・　　・ ㋒ 音訓

分かることが何かによって、使うさくいんを決めよう！

Japanese

次の(　　)の中の正しいほうを選んで、○でかこみましょう。

❶ 「起」という漢字の音読みは「キ」なので、
(　音訓　・　部首　)さくいんの「キ」の(　9　・　10　)画のところでさがす。

❷ 「運」という漢字の部首は「辶」なので、
(　音訓　・　部首　)さくいんの(　2　・　3　)画のところでさがす。

❸ 「湖」という漢字の音読みが分かっているときは、
(　音訓　・　総画　)さくいんの(　コ　・　みずうみ　)でさがす。

❹ 「努」という漢字の読み方も部首も分からないときは、
(　総画　・　部首　)さくいんの(　3　・　7　)画のところでさがす。

画数を数えまちがえると調べられないので注意しよう！

漢字辞典で「借」を調べます。それぞれの引き方について、
(　　)にあてはまる言葉や数字を書きましょう。

音訓さくいん

音読みなら「(❶　　　　)」、訓読みなら「(❷　　　　)りる」でさがす。

部首さくいん

部首は(❸　　　　)画の「亻(にんべん)」なので、
(❸)画の部首の中から「借」のページをさがす。

総画さくいん

「借」は全部で(❹　　　　)画なので、(❹)画の中から「借」のページをさがす。

画数の多い漢字は、音訓さくいんや部首さくいんを使うと早く調べられるね。

答え4ページ

漢字の読み書き①

9 こくご

次の漢字をなぞりましょう。
漢字の読みを後の□から選(えら)んで、(　　)に書きましょう。

❶ 加える (　　　)
❷ 散歩 (　　　)
❸ 区別 (　　　)
❹ 変化 (　　　)
❺ 冷たい (　　　)
❻ 結果 (　　　)
❼ 初め (　　　)
❽ 合唱 (　　　)
❾ 折る (　　　)
❿ 願う (　　　)
⓫ 差 (　　　)
⓬ 付く (　　　)

つめ　はじ　くわ　お　ねが　つ
さ　くべつ　へんか　さんぽ　がっしょう　けっか

POINTはココだよ！ ⑪の「差」には訓(くん)読みの「差す」もあるけど、ここでは音読みだよ！

10 こくご

次の文の＿＿線部の読みを、
㋐〜㋒の中から1つずつ選(えら)びましょう。

❶ プレゼントの箱には、リボンを結びましょう！ (　　　)
㋐ えらび　㋑ むすび　㋒ はこび

❷ バスケのチームで悲願のレギュラーを勝ち取ったの！ (　　　)
㋐ ねんがん　㋑ ひげん　㋒ ひがん

❸ そこを右折したら、新しいケーキ屋さんがあるよ。 (　　　)
㋐ うせつ　㋑ させつ　㋒ うおれ

❹ ピアノは初心者だから、いっぱい練習しなきゃ。 (　　　)
㋐ けいけんしゃ　㋑ はつしんしゃ　㋒ しょしんしゃ

POINTはココだよ！ ③の「右折」は、「右に曲がること」という意味だよ！

11 こくご

次の文の＿＿線部を漢字と送りがなに直したものを、㋐～㋒の中から１つずつ選びましょう。

❶ 今月のおこづかい、まんがを買って使いはたしちゃった！ (　　)
㋐ 単たし　㋑ 果し　㋒ 果たし

❷ 友だちと帰り道でわかれる。 (　　)
㋐ 分れる　㋑ 別れる　㋒ 別る

❸ ずっと外にいると、体がひえるよ。 (　　)
㋐ 冷える　㋑ 令える　㋒ 冷る

❹ わすれないように何度もとなえる。 (　　)
㋐ 唱なえる　㋑ 唱える　㋒ 暗える

③の「冷」「令」は形もにていて、同じ音読みの漢字なので、使い分けに注意しよう！

12 こくご

次の日記の❶～❻を漢字に直して、下の(　　)に書きましょう。

○月×日

今日は、もう❶しょかの気候だったよ。家のそばの公園❷ふきんできれいな花を見つけたの。持って帰って花びんに花を入れて水を❸さしたら、しおれていたのがうって❹かわって元気になったよ。花びらの❺ちらないうちに、おし花にしてしおりに❻かこうしようかな。

❶ (　　)　❷ (　　)　❸ (　　)
❹ (　　)　❺ (　　)　❻ (　　)

④は、同じ読みの「代」とまちがえないようにしよう！

答え４ページ

短歌・俳句

短歌・俳句

次の(　　)にあてはまる言葉を、
後の㋐～㋒の中から１つずつ選びましょう。

短歌

見渡せば	柳桜を	こきまぜて	都ぞ春の	錦なりける	(素性法師)
５つの音	(❶　　)	５つの音	７つの音	７つの音	

俳句

菜の花や	月は東に	日は西に	(与謝蕪村)
(❷　　)	７つの音	５つの音	季節を表す言葉 (❸　　)

㋐ ５つの音　㋑ ７つの音　㋒ 菜の花

音の数は、「み・わ・た・せ・ば」のように、１音ずつ数えよう！

次の俳句に使われている、季節を表す言葉は何でしょう。
(　)の中の正しいほうを選んで、〇でかこみましょう。

❶ 柿くへば鐘が鳴るなり法隆寺　(正岡子規)　(柿 ・ 鐘)

意味　柿を食べていたら法隆寺の鐘が鳴った。秋なのだなあ。

❷ 御仏の御鼻の先へつららかな　(小林一茶)　(御仏 ・ つらら)

意味　仏様の鼻の先からつららがたれているなあ。

❸ 山路来て何やらゆかしすみれ草　(松尾芭蕉)　(山路 ・ すみれ草)

意味　山道をこえて来たところで、すみれ草がさいていた。
なんとなく心ひかれたよ。

❹ 晴天やコスモスの影撒き散らし　(鈴木花蓑)　(晴天 ・ コスモス)

意味　秋の晴れた日にコスモスの花の影が地面にうつっている。

季節を感じられる言葉はどちらかを考えよう！

Japanese

15 こくご

次の俳句・短歌の意味の（　　）にあてはまる言葉を、後の㋐〜㋓から１つずつ選びましょう。

夏河を越すうれしさよ手に草履　（与謝蕪村）

意味　夏の日に、草履を（❶　　　）に持ちながら（❷　　　）をわたるのは、水が気持ちよくて、うれしいことだ。

金色のちひさき鳥のかたちして銀杏ちるなり夕日の岡に　（与謝野晶子）

意味　夕日が差す岡で、（❸　　　）色の小さな鳥のような形の（❹　　　）の葉が散っている。

㋐ 手　㋑ 銀杏　㋒ 金　㋓ 川

「金色の〜」の短歌は、「銀杏」の葉を「鳥」に見立てているんだね！

16 こくご

次の俳句が表している季節を、下の（　　）に漢字１字で書きましょう。

❶ 名月をとってくれろとなく子かな　（小林一茶）

意味　美しい名月を見ていると、子が月をとってほしいとねだることだ。

❷ 梅一輪一輪ほどの暖かさ　（服部嵐雪）

意味　梅の花が一輪一輪さくにつれ、暖かさを感じる。

❸ 不二ひとつうづみ残してわかばかな　（与謝蕪村）

意味　富士山ひとつだけを残して、地上はわかばでうめつくされている。

❶（　　　　）　❷（　　　　）　❸（　　　　）

植物や生き物などの自然のものから、季節を感じ取ろう！

答え４ページ

漢字の組み合わせ

熟語の組み立て

次の表の(　　)にあてはまる言葉を、後のふせんから選んで書きましょう。

にた意味の漢字の組み合わせ	森林 → 森 と (❶　　　)
(❷　　　)の意味の漢字の組み合わせ	強弱 → 強い と 弱い
前の漢字が後の漢字を修飾する熟語	高山 → (❸　　　) 山
後の漢字が「～を(に)」に当たる熟語	習字 → 字を (❹　　　)

高い　林　反対　習う

「修飾する」とは、ほかの言葉を「くわしくする」ことだよ！

次の言葉を組み合わせてできる熟語を、例にならって書きましょう。

例 急な ＋ 流れ ＝ (　急流　)

❶ 親しい ＋ 友 ＝ (　　　)

❷ 左 ＋ 右 ＝ (　　　)

❸ 火を ＋ 消す ＝ (　　　)

❹ 寒い ＋ 冷たい ＝ (　　　)

❺ 山に ＋ 登る ＝ (　　　)

③⑤は、それぞれ漢字の順番に注意しよう！

19 こくご

次のカードの熟語の意味を、例にならって書きましょう。

例 最大 （　最も大きい　）

1 開会 （　　　　）

2 強風 （　　　　）

3 深海 （　　　　）

4 乗馬 （　　　　）

5 前進 （　　　　）

②③⑤は、前の漢字が後の漢字を修飾する熟語だよ！

20 こくご

次の熟語の組み合わせの種類を、後の㋐～㋓の中から１つずつ選びましょう。また、同じ組み合わせの熟語を線で結びましょう。

1 集金 （　　）・　　　・明暗

2 上下 （　　）・　　　・青空

3 朝食 （　　）・　　　・算数

4 通行 （　　）・　　　・着席

㋐ にた意味の漢字の組み合わせ	㋑ 後の漢字が「～を（に）」に当たる熟語
㋒ 反対の意味の漢字の組み合わせ	㋓ 前の漢字が後の漢字を修飾する熟語

④「通行」は「通る・行く」と訓読みして考えてみよう！

Japanese

漢字の読み書き②

21 こくご

次の漢字をなぞりましょう。
漢字の読みを後の□から選（えら）んで、（　）に書きましょう。

① 参る（　　）
② 最低（　　）
③ 関係（　　）
④ 伝記（　　）
⑤ 積む（　　）
⑥ 飛ぶ（　　）
⑦ 包帯（　　）
⑧ 浴びる（　　）
⑨ 印刷（　　）
⑩ 働く（　　）
⑪ 車輪（　　）
⑫ 満たす（　　）

つ　はたら　と　まい　あ　み
しゃりん　ほうたい　いんさつ　さいてい　でんき　かんけい

POINTはココだよ！
⑫「満」には、「み(ちる)」という訓（くん）読みもあるよ！

22 こくご

次の文の＿＿線部の読みを、
㋐～㋒の中から１つずつ選（えら）びましょう。

① 見て！　鳥が輪をえがいて飛（と）んでいるよ。（　　）
㋐ えん　㋑ わ　㋒ りん

② 南の島で日光浴をしたの！（　　）
㋐ にっこうよう　㋑ にっこうあび　㋒ にっこうよく

③ 算数の、面積を求（もと）める計算には自信（じしん）があるよ！（　　）
㋐ めんせき　㋑ めんつ　㋒ めんせい

④ 気温が低いから、息が白くなるね。（　　）
㋐ たかい　㋑ さむい　㋒ ひくい

POINTはココだよ！
④の「低い」の反対の意味の言葉は「高い」だよ！

Japanese

23 こくご

次の文の＿＿線部を漢字と送りがなに直したものを、㋐～㋒の中から１つずつ選(えら)びましょう。

❶ お花をつつむかわいい紙を選びたいな！　(　　　)

㋐ 包つむ　㋑ 包む　㋒ 積む

❷ 照(て)れるとほほが赤みをおびる。　(　　　)

㋐ 帯る　㋑ 帯びる　㋒ 市びる

❸ 動物にかかわるお仕事につくのが、ゆめなの！　(　　　)

㋐ 関わる　㋑ 関る　㋒ 係る

❹ もっともとくいなことは、ダンスです！　(　　　)

㋐ 取も　㋑ 最っとも　㋒ 最も

②「帯」には、「おび」という訓(くん)読みもあるよ！

24 こくご

次の交かん日記の❶～❺を漢字に直して、下の(　　)に書きましょう。

北海道(ほっかいどう)旅行のツアーに
❶さんかしたよ！
ゆめだった❷ひこう機(き)にも乗れて、
大❸まんぞく！
送った絵はがき、とどいた？
みさき

それはよかったね！
絵はがき、とどいたよ！
気持ちが❹つたわってきたし、
友じょうの❺しるしって感じがする！
大切にするね♪
まき

❶ (　　　)　❷ (　　　)　❸ (　　　)
❹ (　　　)　❺ (　　　)

②「ひ」の訓(くん)読みは「と(ぶ)」だよ！

Japanese

同音異字・同訓異字

同じ読みをもつ漢字の使い分け

次の(　　)にあてはまる言葉を書きましょう。
また、＿＿線部を漢字に直して書きましょう。

同音異字

同じ(❶　　　)読みで、
意味の異なる漢字。

例
- 小学生イ外は入れない。
　(❷　　　)
- イ外な人に出会った。
　(❸　　　)

同訓異字

同じ(❹　　　)読みで、
意味の異なる漢字。

例
- 魚が川をノボる。
　(❺　　　)
- 父と山にノボる。
　(❻　　　)

POINTはココだよ! ②の「イ外」は「～のほか」、③は「予想外」の意味だよ！

26 こくご

次の文の＿＿線部のカタカナを漢字に直したものを、
㋐・㋑の中から１つずつ選びましょう。

❶
- クラスのショウ数の意見も大切にしてほしい！　(　　　)
- 学校で、ショウ数の計算を習ったよ。　(　　　)

㋐ 少　　㋑ 小

❷
- わたしはおかし作りにカン心があります。　(　　　)
- 妹はたくさん読書をするのでカン心します。　(　　　)

㋐ 関　　㋑ 感

❸
- またの機カイにみんなで遊ぼうね。　(　　　)
- 工場見学で大きな機カイを見たよ。　(　　　)

㋐ 械　　㋑ 会

POINTはココだよ! ②「関心」は「きょうみ」、「感心」は「感動」という意味だよ！

Japanese

27 こくご

次の(　　)にあてはまる言葉を、右の㋐〜㋒の中からそれぞれ1つずつ選(えら)びましょう。

❶ かえる
- ケーキを買って家に(　　　　)。
- かみがたを(　　　　)。
- 落とし物が持ち主のもとに(　　　　)。

㋐ 帰る
㋑ 返る
㋒ 変える

❷ あける
- もうすぐ夜が(　　　　)。
- 旅行で、家を三日間(　　　　)。
- 部屋(へや)のドアを(　　　　)。

㋐ 空ける
㋑ 開ける
㋒ 明ける

①のように、同じ読みでも送りがながちがうこともあるよ!

28 こくご

次の文の□の言葉を漢字に直して、(　　)に書きましょう。

❶
- ㋐けっこん記念(きねん)日に[リョウシン]にプレゼントをしたよ!
- ㋑ごみのポイすては[リョウシン]がとがめるし、しないようにしているよ。

㋐ (　　　　　　　　)　㋑ (　　　　　　　　)

❷
- ㋐もうすぐ地図のこの場所(ばしょ)に[つく]よ。
- ㋑ほこりが服に[つく]のはいやだな。

㋐ (　　　　　　　　)　㋑ (　　　　　　　　)

①㋑は、「正しいことをしようとする心」という意味だよ!

Japanese

文の組み立て

文のつくり

次の(　　)にあてはまる言葉を、後の㋐～㋒の中から１つずつ選びましょう。

「何(だれ)が・は」に当たる言葉…(❶　　　)

鳥が　飛ぶ。

「どんなだ」「どうする」「何だ」に当たる言葉…(❷　　　)

小さな　鳥が　空を　自由に　飛ぶ。

ほかの言葉の意味をくわしくする言葉…(❸　　　)

㋐ 修飾語　㋑ 主語　㋒ 述語

POINTはココだよ!　「修飾語」があると、どのような様子かがよく分かる文になるね！

次の文から、主語と述語をぬき出しましょう。

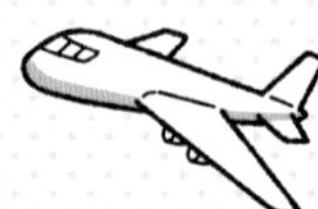

❶ あの　お店の　ケーキは　有名だよ。
主語 (　　　　　　) 述語 (　　　　　　)

❷ ダンスの　レッスンが　そろそろ　始まるね。
主語 (　　　　　　) 述語 (　　　　　　)

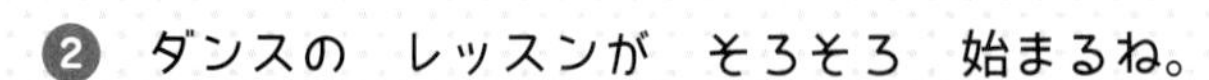

❸ 土曜日なら、みきちゃんも　たぶん　遊べるよ！
主語 (　　　　　　) 述語 (　　　　　　)

❹ わたしも　行きたいな、いつか　外国に。
主語 (　　　　　　) 述語 (　　　　　　)

POINTはココだよ!　述語は、文の最後にあるとはかぎらないよ！

Japanese

次の文の＿＿線部どうしが、修飾する言葉と修飾される言葉の関係にあるものには○、そうでないものには×を書きましょう。

❶ 台所から 水の 音が 聞こえるよ。 (　　)

❷ わたしは フェルトで 人形を 作ったよ！ (　　)

❸ お姉ちゃんは 明日 プールに 行くようだ。 (　　)

❹ わあ！ 大きな すいかだね！ (　　)

❺ 来週、 父が アメリカから 帰国します。 (　　)

言葉を「くわしくする」のが、修飾する言葉の役わりだよ！

次の文の＿＿線部の言葉が修飾している言葉を㋐～㋒の中から１つずつ選びましょう。

❶ 昨日の ㋐ 夜 、雪が ㋑ たくさん ㋒ ふった 。 (　　)

❷ ㋐ わたしも 3時に ㋑ なつきと 校庭に ㋒ 行くね 。 (　　)

❸ ㋐ 日本には あちこちに 港が ㋑ たくさん ㋒ ある 。 (　　)

POINTはココだよ！

＿＿線部と続けて読んだとき、意味が通るものを選ぼう！

Japanese

漢字の読み書き③

33 こくご

次の漢字をなぞりましょう。
漢字の読みを後の□から選(えら)んで、(　　)に書きましょう。

❶ 欠ける (　　)　❷ 休養 (　　)　❸ 改良 (　　)　❹ 無理 (　　)

❺ 努める (　　)　❻ 残金 (　　)　❼ 祝う (　　)　❽ 種類 (　　)

❾ 塩 (　　)　❿ 青菜 (　　)　⓫ 孫 (　　)　⓬ 消失 (　　)

いわ　まご　か　しお　あおな　つと
しょうしつ　かいりょう　しゅるい　ざんきん　むり　きゅうよう

POINTはココだよ！　⑨⑪は、どちらも訓(くん)読みだよ！

34 こくご

次の文の＿＿線部の読みを、
㋐〜㋒の中から1つずつ選(えら)びましょう。

❶ 残りのケーキ、食べてもいいかな？ (　　)
㋐ つくり　㋑ のこり　㋒ あまり

❷ 理科の実験(じっけん)で、食塩を使うよ！ (　　)
㋐ しょくえん　㋑ しょくがん　㋒ しょくじお

❸ 明日(あす)は祝日だから、ママとショッピングに行きたい！ (　　)
㋐ いわいび　㋑ しゅくび　㋒ しゅくじつ

❹ 遠足の日はわすれ物の無いようにしよう！ (　　)
㋐ むい　㋑ ない　㋒ よい

POINTはココだよ！　③「祝」の部首(ぶしゅ)を「衤」とまちがえないようにね！

Japanese

35 こくご

次の文の＿＿線部を漢字と送りがなに直したものを、㋐～㋒の中から１つずつ選(えら)びましょう。

❶ ねぼうしちゃうくせを、あらためるぞ！　（　　　）

㋐ 改らためる　㋑ 新ためる　㋒ 改める

❷ 水泳の練習をがんばって、実力をやしないたい！　（　　　）

㋐ 養い　㋑ 養ない　㋒ 食ない

❸ バランスをうしなうと、転ぶから気をつけて。　（　　　）

㋐ 矢う　㋑ 失なう　㋒ 失う

❹ みきちゃんの歌声は、たぐいまれな才のうだと思う！　（　　　）

㋐ 類い　㋑ 数い　㋒ 類ぐい

④「たぐいまれな」は、「めったにない様子」という意味だよ！

36 こくご

次の日記の❶～❻を漢字に直して、下の（　　）に書きましょう。

○月△日

今、家で❶やさいを育てているんだ。春に❷たねをまいてから、水やりをわすれないよう❸どりょくしたの。やさいは体に❹よいから、それを使ってカレーパーティーをしようかな。おいしいご❺はんをみんなで食べるのって、楽しそう。明日(あす)、学校でパーティーの❻しゅっけつをとろうっと！

❶（　　　）　❷（　　　）　❸（　　　）

❹（　　　）　❺（　　　）　❻（　　　）

①「さい」は４画目の「ノ」を書きわすれないようにね！

答え６ページ

つなぎ言葉

つなぎ言葉の使い分け

次の表の(　　)にあてはまる言葉を、
後の□から選(えら)んで書きましょう。

……。だから〜〜。など	前の文が後ろの文の(❶　　　)となる。 (……)　(〜〜)
……。しかし〜〜。など	前の文と後ろの文で(❷　　　)の話をする。
……。また〜〜。など	前の文と後ろの文が(❸　　　)ようにならんでいる。
……。つまり〜〜。など	前の文を後ろの文で(❹　　　　　)。

言いかえる　　同じ　　理由　　反対

「つなぎ言葉」は、文と文のつながり方をはっきりさせる働(はたら)きをするよ！

次の文にあてはまるつなぎ言葉を、
(　　)の中から選(えら)んで、○でかこみましょう。

❶ がんばって勉強したよ！(　だから　・　しかし　)、テストは100点だったの。

❷ 今年(ことし)の夏は暑いね。(　でも　・　しかも　)、部屋(へや)の中ならすずしいね。

❸ 昨日(きのう)はあわてちゃった。(　それとも　・　なぜなら　)、雨がふってきたからね。

❹ 水泳がとくいだよ。(　すると　・　しかも　)、走るのもとくいなんだ。

❺ ご飯(はん)がおいしかったね。(　ところで　・　つまり　)、デザートは何を食べる？

前後の文の関係(かんけい)を考えて、つなぎ言葉を使い分けよう！

39 こくご

次の文の□にあてはまるつなぎ言葉を、後のㇰ~㋔の中から１つずつ選びましょう。

❶ レシピを見て焼いた □、クッキーがこげちゃった。 (　　)

❷ 午後になって晴れた □、外で遊びましょう。 (　　)

❸ 雨がふっている □、風も強い。 (　　)

❹ どこか楽しいところ、□、動物園に行きたいな。 (　　)

❺ 明日はスカート？ □、パンツで行くの？ (　　)

㋐ それとも	㋑ から	㋒ 例えば	㋓ のに	㋔ うえに

話すときのことをイメージしながら考えてみて！

次の文からつなぎ言葉をぬき出しましょう。また、２つの文を意味を変えずに１つの文につなげて書きましょう。

❶ 日がくれる。そして、気温が下がる。

つなぎ言葉 (　　) 文 (　　)

❷ 早起きをした。けれど、バスに乗りおくれた。

つなぎ言葉 (　　) 文 (　　)

❸ のどがかわいた。だから、ジュースが飲みたい。

つなぎ言葉 (　　) 文 (　　)

❹ この番組はおもしろい。そのうえ、ためになる。

つなぎ言葉 (　　) 文 (　　)

POINTはココだよ!

文の意味を変えないようにして、自然な形でつなげよう！

答え６ページ

漢字の読み書き④

41 こくご

次の漢字をなぞりましょう。
漢字の読みを後の□から選(えら)んで、(　　)に書きましょう。

❶ 治める (　　)
❷ 人望 (　　)
❸ 必要 (　　)
❹ 熱意 (　　)
❺ 周り (　　)
❻ 戦争 (　　)
❼ 好き (　　)
❽ 海底 (　　)
❾ 固い (　　)
❿ 試みる (　　)
⓫ 旗 (　　)
⓬ 選挙 (　　)

こころ　おさ　す　はた　まわ　かた
かいてい　せんきょ　じんぼう　ひつよう　せんそう　ねつい

POINTはココだよ！　②の「人望」は「人から受ける良(よ)いひょうばん」という意味だよ！

42 こくご

次の文の＿＿線部の漢字の読みを、
㋐～㋒の中から1つずつ選(えら)びましょう。

❶ 車に乗ったら、シートベルトで体を固定するよ。 (　　)
㋐ こてい　㋑ けんてい　㋒ こんてい

❷ わたしたちのチームの要は、りなちゃんだよ！ (　　)
㋐ まとめ　㋑ かなめ　㋒ はしら

❸ 妹はいちごが大好物なの。 (　　)
㋐ すきもの　㋑ こうもの　㋒ こうぶつ

❹ みんなで試練を乗りこえて、最高(さいこう)のクラスにしよう！ (　　)
㋐ しれん　㋑ しけん　㋒ しめん

POINTはココだよ！　②の「要」は、「物事の大事な部分」という意味だよ！

Japanese

次の文の＿＿線部を漢字と送りがなに直したものを、㋐～㋒の中から１つずつ選(えら)びましょう。

❶ わたしののぞみは、おなかいっぱいケーキを食べること！　（　　　）
㋐ 望み　㋑ 重み　㋒ 望ぞみ

❷ 順番(じゅんばん)をあらそうことなく、きちんとならぼう。　（　　　）
㋐ 争そう　㋑ 争う　㋒ 走う

❸ チョコレートを冷(れい)ぞう庫でかためる。　（　　　）
㋐ 形める　㋑ 固める　㋒ 固ためる

❹ 先週けがをしたところがなおる。　（　　　）
㋐ 直る　㋑ 治おる　㋒ 治る

④は同じ読みの漢字なので、使い分けに注意しよう！

次の会話の❶～❻を漢字に直して、下の（　　）に書きましょう。

はる：運動会で、はたを持つ❶きしゅをするんだ。

ゆい：すごい！　❷かならず見に行くね。

はる：ありがとう！
自分で手を❸あげて❹えらばれたから、がんばらないと！

ゆい：運動会は❺あつい❻たたかいになりそうだね！　がんばって！

❶（　　　）　❷（　　　）　❸（　　　）
❹（　　　）　❺（　　　）　❻（　　　）

POINTはココだよ！

⑤の「あつ（い）」は「暑（い）」とまちがえないようにね！

Japanese

答え６ページ

ことわざ・故事成語・慣用句

45 こくご　ことわざ・故事成語・慣用句を覚えよう！

ことわざ

生活のちえから生まれた、古くから伝えられている言葉。

動物に関係があるもの

かえるの子はかえる

▶子どもの才のうやせいかくは、親ににる。

反対の意味のことわざ　とんびがたかを生む

数字に関係があるもの

石の上にも三年

▶つらくてもがまんして努力すればむくわれる。

行動に関係があるもの

急がば回れ

▶急ぐときほど、遠回りになってでも安全な方法をとるほうがよい。

故事成語

中国の昔のできごとをもとにしてできた言葉。

五十歩百歩▶大した差のないこと。

にた意味のことわざ　どんぐりの背比べ

慣用句

2つ以上の言葉が結びついて、決まった意味を表すもの。

体に関係があるもの

口が軽い▶おしゃべりなこと。

反対の意味の慣用句　口がかたい

生き物に関係があるもの

馬が合う▶気が合う。

ことわざや故事成語、慣用句を家族や友だちとの会話で使ってみよう！

Mathematics

~算数のお勉強~

もくじ

算数のお勉強 01

折(お)れ線グラフ

折れ線グラフ

すいこさんは、2時間ごとに池の水の温度を調べて、そのようすを右のグラフに表しました。次の□の数やことばをなぞりましょう。

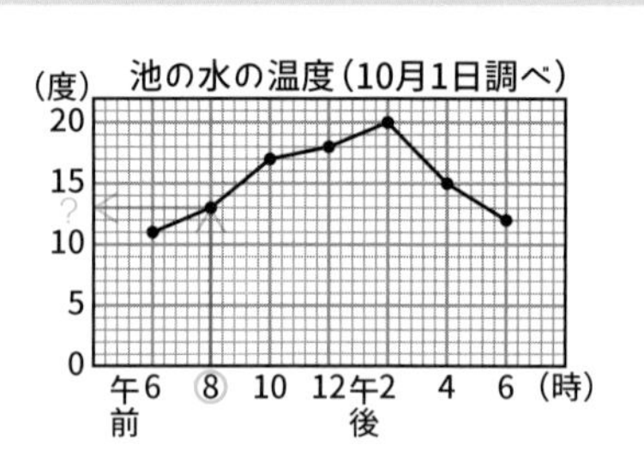

1. 午前８時の池の水の温度は［13］度です。
2. 右のようなグラフを［折れ線グラフ］といいます。
3. 折れ線グラフでは、線のかたむきぐあいで、変(か)わり方のようすがわかります。

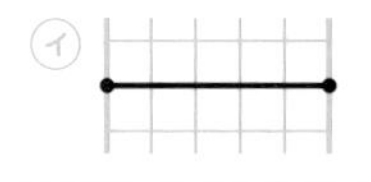

［ふえている］　［変わらない］　［へっている］

折れ線グラフは、変わり方がよくわかるグラフだよ。

下の折れ線グラフは、月ごとの体重の変(か)わり方を表したものです。折れ線グラフをみて、次の問題に答えましょう。

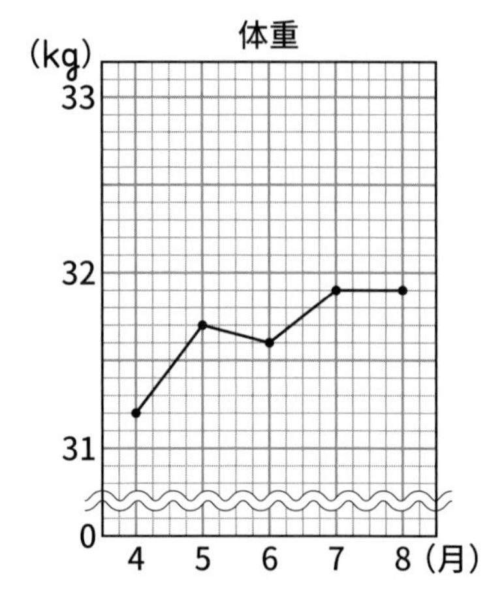

1. 体重がへっているのは、何月から何月の間ですか。
   （　　）月から（　　）月の間
2. 体重が変わらないのは、何月から何月の間ですか。
   （　　）月から（　　）月の間
3. 体重の変わり方がいちばん大きいのは、何月から何月の間ですか。
   （　　）月から（　　）月の間

線のかたむきが急なところほど、変わり方が大きいことを表すよ。

答え7ページ

角とその大きさ

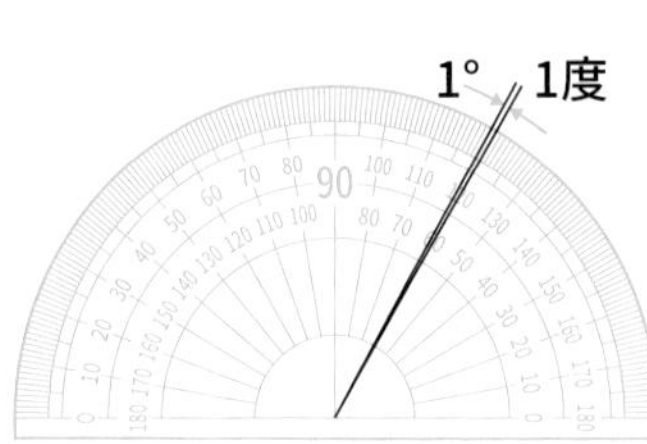

角とその大きさ

次の□にあてはまる数をかきましょう。

1

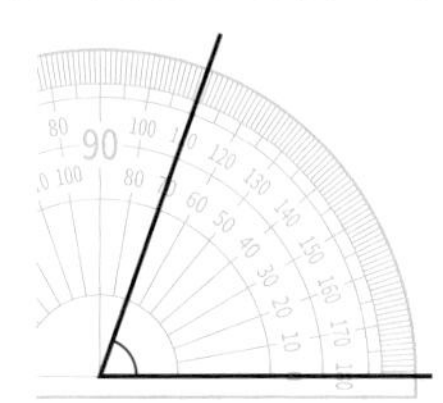

角の大きさ(角度)をはかるには、分度器(ぶんどき)を使います。
度(°)は角の大きさの単位(たんい)です。
分度器の１目もりの大きさは [1]° とかき、
「１ど」とよみます。

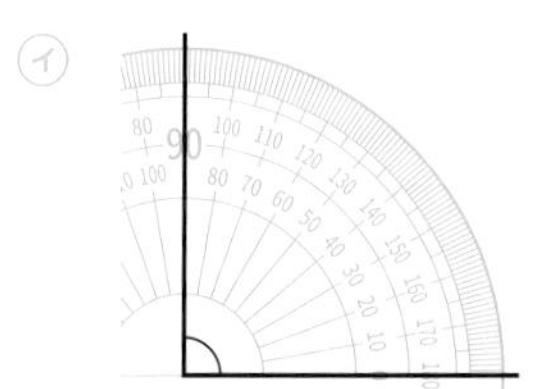

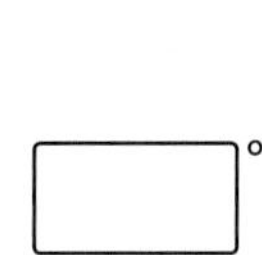

2 角の大きさを答えましょう。

㋐ □°

㋑ □°…直角

0°の線から、10°、20°、30°、……とよんでいくよ。

次の□にあてはまる数をかきましょう。

1 分度器(ぶんどき)を使って、三角じょうぎの角の大きさを調べましょう。

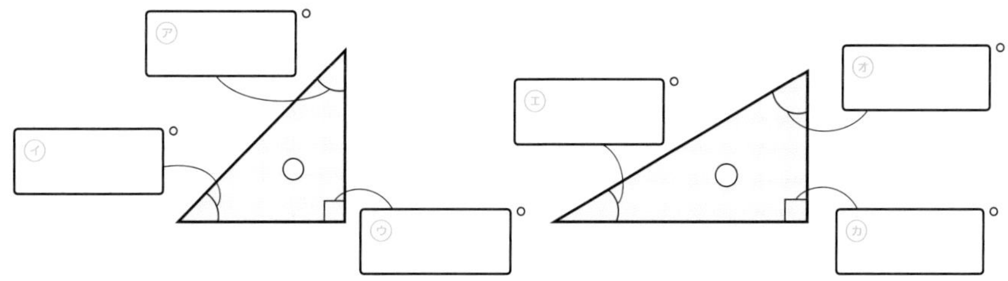

2 分度器を使って、㋖の角の大きさをはかりましょう。

㋖の角の大きさは、180°より□°
大きいです。

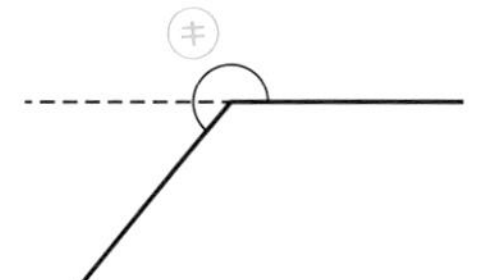

[180]° ＋ □° ＝ □°

180°より大きい角は、180°とそれより大きい角度に分けてはかろう。

算数のお勉強

03 1けたでわるわり算の筆算

わり算

75 ÷ 4 の計算を筆算でします。
次の□にあてはまる数をかきましょう。

1	2	3	4
4）75 商1	4）75 商1、4、3	4）75 商1、4、3[5]	4）75 商1[8]、4、35、32、3 …あまり
7÷4 で 1 をたてる。	4 に 1 をかけて 4 7 から 4 をひいて 3	5 をおろす。	35÷4 で、8 をたてる。 4 に 8 をかけて 32 35 から 32 をひいて 3

商
わり算で、左の 18 のような答えを商といいます。

答えのたしかめは、わる数×商＋あまり＝わられる数でしましょうね。

次の計算をしましょう。

❶ 4）68

❷ 2）62

❸ 5）73

あまりは、わる数より小さくなるよ。

Mathematics

次の計算をしましょう。

❶ $2\overline{)314}$

❷ $4\overline{)436}$

❸ $8\overline{)949}$

(3 けた)÷(1 けた)の筆算は、百の位(くらい)から順(じゅん)に計算していくよ。

312 本のえん筆を、1 人に 5 本ずつ分けます。
何人に分けられて、何本あまりますか。
次の問題に答えましょう。

❶ 式をかきましょう。

□÷5

❷ 筆算をしましょう。

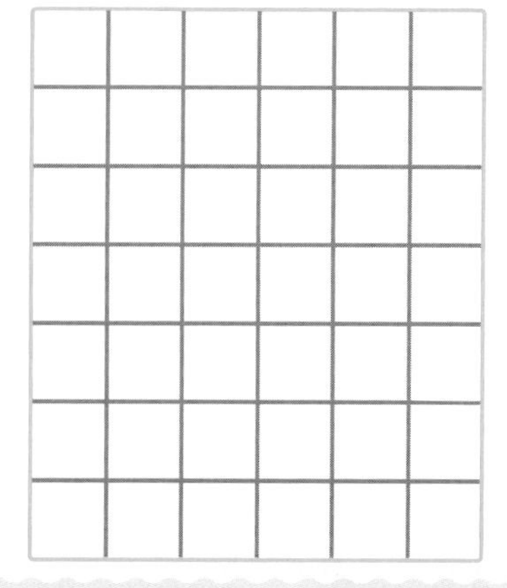

❸ 答えのたしかめの式をかきましょう。

□×□+□=312

❹ 答えをかきましょう。

□人に分けられて、□本あまる。

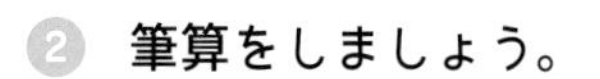

はじめの位(くらい)に答えがたたないときは、はじめの 0 はかかないよ。

Mathematics

算数のお勉強
04 大きい数

大きい数

次の(　)にあてはまることばや数をかきましょう。

1 千万の 10 倍は
(　　　　　)です。

2 千億(おく)の 10 倍は
(　　　　　)です。

千兆の位	百兆の位	十兆の位	一兆の位	千億の位	百億の位	十億の位	一億の位	千万の位	百万の位	十万の位	一万の位	千の位	百の位	十の位	一の位(くらい)

10倍 10倍 10倍 10倍 10倍 10倍 10倍
100倍
1000倍
10000倍

3 一兆(ちょう)は一億の(　　　　　)倍です。

4 どんな数でも、各位(かく)の数字は
(　　　)倍すると位が 1 つ上がり、
10 でわると位が 1 つ(　　　　　)ます。

十	一	千	百	十	一	千	百	十	一
億		万							
	2	0	0	0	0	0	0	0	0
		2	0	0	0	0	0	0	0
			2	0	0	0	0	0	0

10倍
10でわる

どんな数でも、10 倍すると位が 1 つ上がり、10 でわると位が 1 つ下がるよ。

次の問題に答えましょう。

1 次の数を数字でかきましょう。

㋐ 1 億(おく)を 8 こ、100 万を 6 こあわせた数　(　　　　　　　　　　)

㋑ 1 兆(ちょう)を 3 こ、10 億を 5 こあわせた数　(　　　　　　　　　　)

㋒ 1 億を 58 こ集めた数　(　　　　　　　　　　)

㋓ 1000 億を 37 こ集めた数　(　　　　　　　　　　)

2 下の数直線で、㋐、㋑にあたる数をかきましょう。

9000億　㋐　1兆　㋑　1兆1000億

㋐(　　　　　　　　　　)

㋑(　　　　　　　　　　)

POINTは
ココだよ!

大きい数のしくみを思い出そう!

Mathematics

次の問題に答えましょう。

① 0から9までの10この数字をすべて使って、10けたの数をつくります。
いちばん大きい数と、いちばん小さい数を答えましょう。

いちばん大きい数（　　　　　　　　　）

いちばん小さい数（　　　　　　　　　）

ヒント　どんな大きさの数でも、0、1、2、3、4、5、6、7、8、9の10この数字でかけるよ。いちばん大きい位(くらい)には0はこないよ。

② 次の数を10倍した数、10でわった数をそれぞれ答えましょう。

㋐ 3000万　10倍した数（　　　　　）　10でわった数（　　　　　）

㋑ 70億(おく)　10倍した数（　　　　　）　10でわった数（　　　　　）

㋒ 9兆(ちょう)　10倍した数（　　　　　）　10でわった数（　　　　　）

1兆を10でわった数は、1000億になるね。

次の計算をしましょう。

①
```
    328
  ×574
   1312
  2296
 1640
 188272
```

②
```
   145
 ×736
```

③ 436×208
筆算をかきましょう。

```
  436
 ×208
```

2けたの数をかける筆算と同じように考えよう。

答え7ページ

垂直・平行と四角形

垂直や平行

下のカードは、直線の関係をまとめたものです。
［　］にあてはまることばを「垂直、平行」の中から選んでかきましょう。

❶
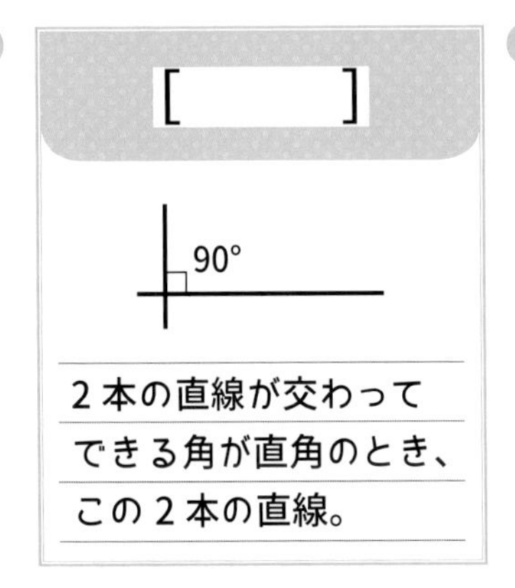

❷
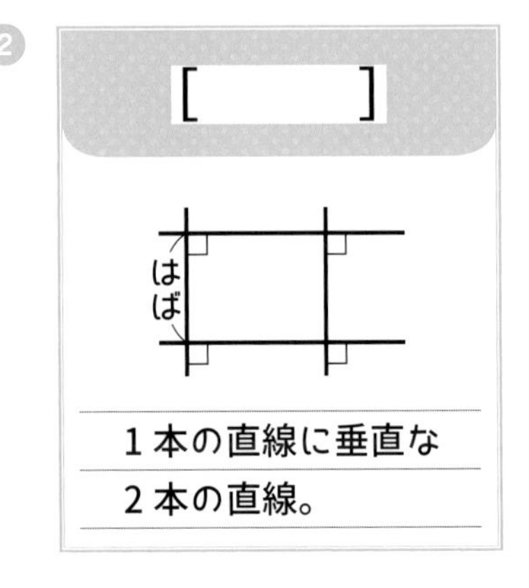

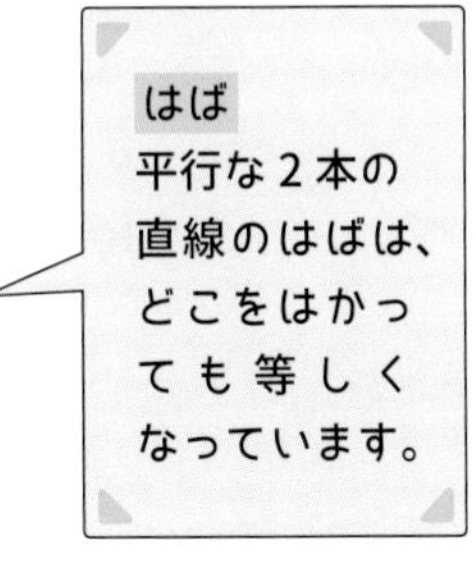

平行な直線は、どれだけのばしても交わらないよ。

三角じょうぎを使って、下の図の直線あと垂直な直線と平行な直線をい～おからみつけて、それぞれ記号で答えましょう。

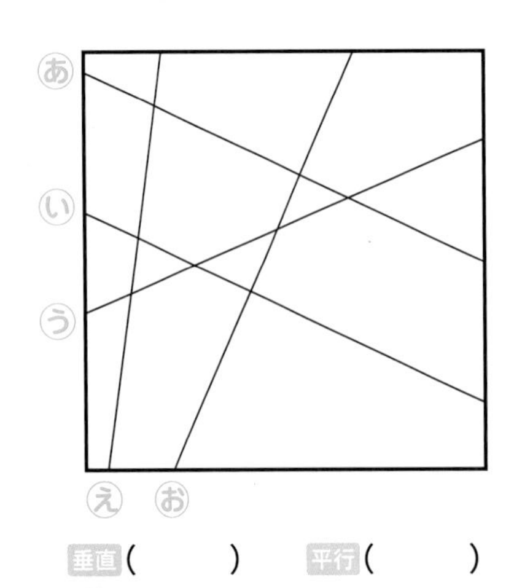

垂直（　　　）　平行（　　　）

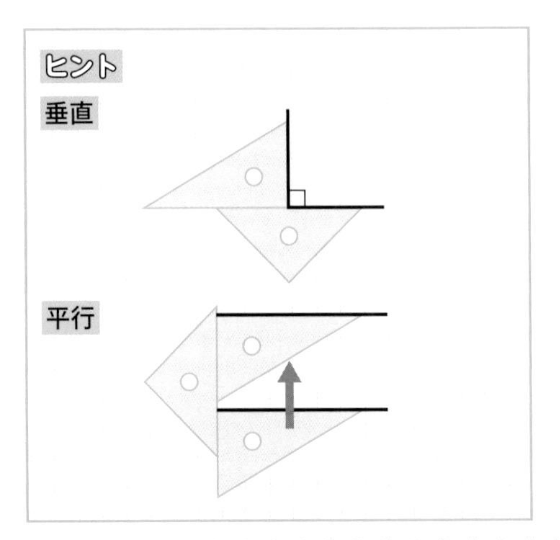

三角じょうぎをしっかりとおさえながら、垂直な直線や平行な直線をさがそう。

四角形

下のカードは四角形についてまとめたものです。
[　]にあてはまることばを「台形、平行四辺形、ひし形」の中から選んでかきましょう。

1
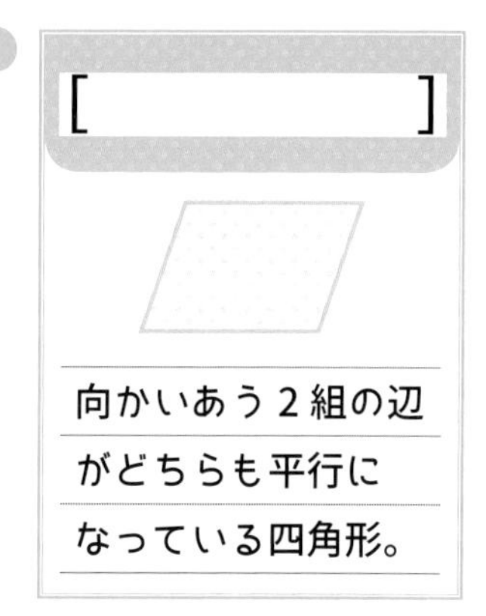

2
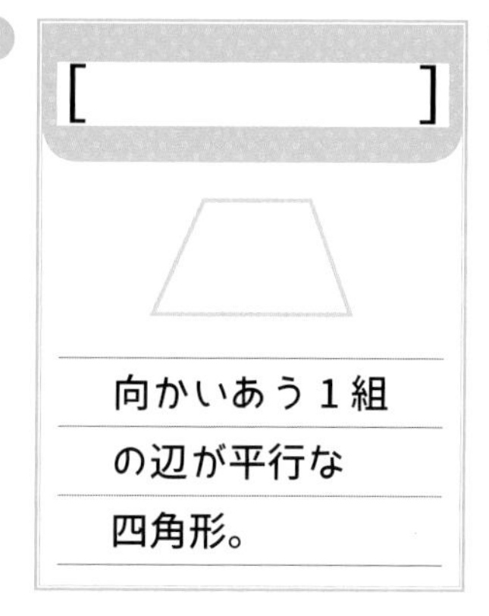

3
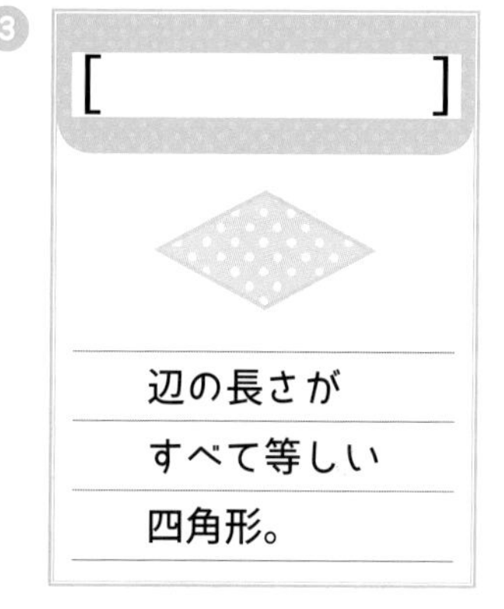

四角形の向かいあう頂点を結んだ直線を「対角線」というよ。

下の四角形の辺の長さや角の大きさを答えましょう。

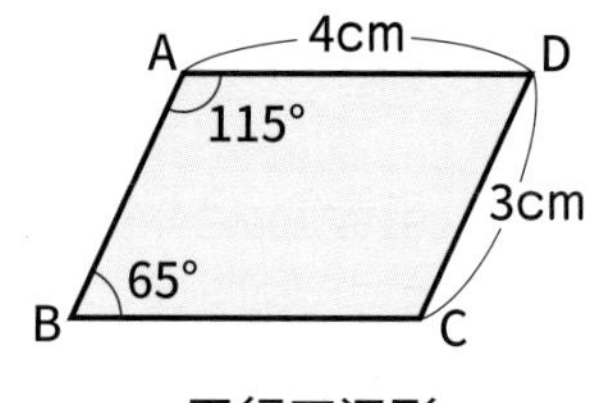

平行四辺形

ヒント
平行四辺形の向かいあう辺の長さと向かいあう角の大きさは等しいよ。

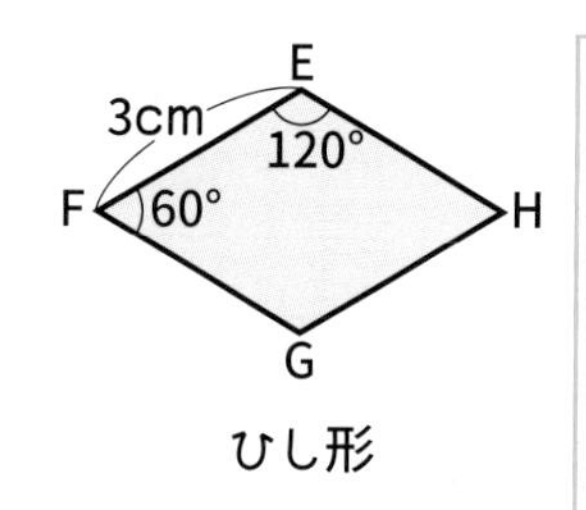

ひし形

ヒント
ひし形の４つの辺の長さはすべて等しく、向かいあう角の大きさは等しいよ。

1 辺 AB の長さ　(　　　)cm
2 辺 BC の長さ　(　　　)cm
3 角 C の大きさ　(　　　)°
4 角 D の大きさ　(　　　)°
5 辺 FG の長さ　(　　　)cm
6 辺 GH の長さ　(　　　)cm
7 角 G の大きさ　(　　　)°
8 角 H の大きさ　(　　　)°

平行四辺形とひし形のせいしつを使って、答えよう。

答え８ページ

小数

17 さんすう

小数のしくみ

次の□にあてはまる数をかきましょう。

1 1、0.1、0.01、0.001の関係(かんけい)をまとめましょう。

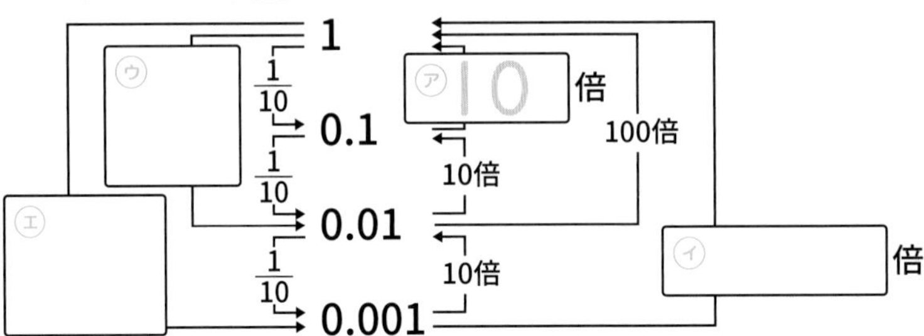

2 2.671は1を□こ、0.1を□こ、0.01を□こ、0.001を□こ

あわせた数です。

小数点から右の位(くらい)は、順(じゅん)に、$\frac{1}{10}$の位、$\frac{1}{100}$の位、$\frac{1}{1000}$の位となるよ。

18 さんすう

次の(　)にあてはまる数をかきましょう。

1 6.349は0.001を何こ集めた数ですか。

6　　は0.001を6000こ

0.3　は0.001を(300)こ

0.04　は0.001を(　　)こ

0.009 は0.001を(　　)こ

だから、6.349は0.001を(　　)こ集めた数です。

> ヒント
> 0.001が10こで0.01、
> 0.001が100こで0.1、
> 0.001が1000こで1
> になるよ。

2 ある赤ちゃんの体重は3250gです。3250gをkgの単位(たんい)で表しましょう。

ヒント 100gは1kgの$\frac{1}{10}$で0.1kg、10gは1kgの$\frac{1}{100}$で0.01kgだよ。

(　　)kg

1kg=1000gだよ。

次の問題に答えましょう。

① 0.36 を 10 倍した数、100 倍した数、10 でわった数、100 でわった数をそれぞれ答えましょう。

10 倍した数 (　　　　　　)

100 倍した数 (　　　　　　)

10 でわった数 (　　　　　　)

100 でわった数 (　　　　　　)

ヒント

3	6				
	3.	6			
	0.	3	6		
	0.	0	3	6	
	0.	0	0	3	6

100倍
10倍
10でわる
100でわる

② 下の数直線をみて、(　)の正しいほうを選(えら)んで、○でかこみましょう。

0.35　0.37　0.384　0.4

0.37 は 0.384 より(大きい ・ 小さい)です。

不等号(ふとうごう)を使ってかくと、

0.37(> ・ <)0.384 です。

小数も整数と同じように、10 倍すると位(くらい)が 1 つ上がるよ。

次の計算をしましょう。

① 2.84 + 6.72

② 7.2 + 0.96

③ 0.67 + 4.33

④ 8.46 − 3.25

⑤ 4.06 − 0.57

⑥ 3 − 1.29

⑥の 3 は 3.00 と考えるよ。

Mathematics

式と計算の順(じゅん)じょ

計算の順じょ

次の問題に答えましょう。

❶ （　）の正しいほうを選(えら)んで、〇でかこみましょう。

㋐計算はふつう（ 左 ・ 右 ）から順にします。

㋑（　）があるときは（　）の中を（ さき ・ あと ）に計算します。

㋒×、÷は、＋、－より（ さき ・ あと ）に計算します。

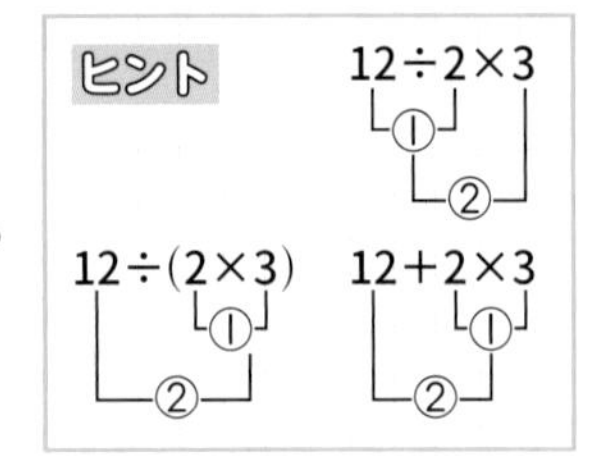

❷ 下の□から、答えが 12 になる式を選んで、記号で答えましょう。

あ 2×4+8÷4	い 2×(4+8)÷4
う (2×4+8)÷4	え 2×(4+8÷4)

（　　　）

かっこに注意して計算しよう。

次の計算をしましょう。

❶ 27－9＋3＝□

❷ 27－(9＋3)＝□

❸ 27÷9÷3＝□

❹ 27÷(9÷3)＝□

❺ 27＋9÷3＝□

❻ (27＋9)÷3＝□

計算の順じょをまちがえると、答えが変(か)わってしまうよ。

計算のきまりを使って、くふうして計算しましょう。

❶ $23+58+42=23+(58+42)$

$=23+$［100］

$=$［　　］

❷ $25\times24=25\times(4\times6)$

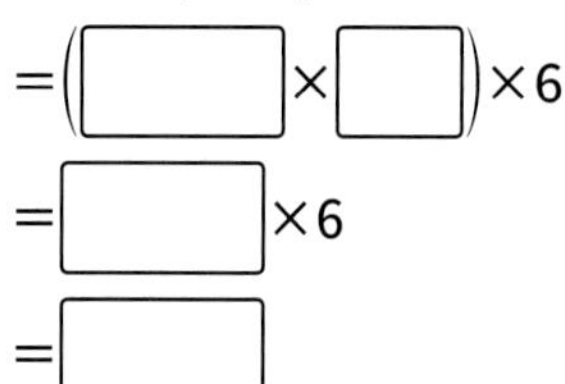

$=($［　　］$\times$［　　］$)\times6$

$=$［　　］$\times6$

$=$［　　］

❸ $101\times47=(100+1)\times47$

$=$［　　］$\times47+$［　　］$\times47$

$=$［　　］$+$［　　］

$=$［　　］

ヒント　次のような計算のきまりを使うよ。

❶ $(□+○)+△=□+(○+△)$

❷ $(□\times○)\times△=□\times(○\times△)$

❸ $(□+○)\times△=□\times△+○\times△$

100のかたまりをつくると、計算がかんたんになるね！

右のようにならんでいるおはじきの数を求めます。式にあう図と説明を選んで、記号で答えましょう。

❶ $7\times5+3\times2$

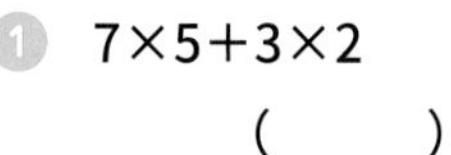

（　　）

❷ $5\times5+4\times4$

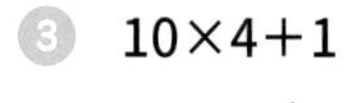

（　　）

❸ $10\times4+1$

（　　）

5このまとまりが5つと、4このまとまりが4つある。

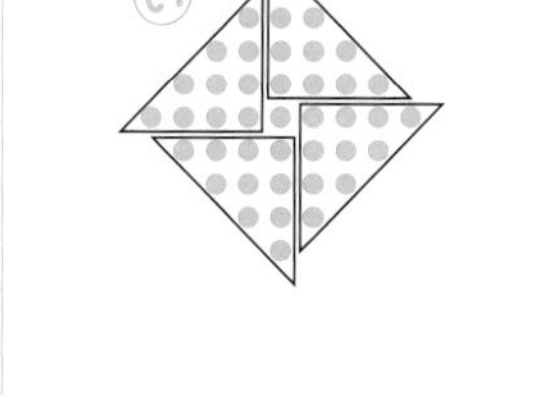

10このまとまりが4つと、ばらが1つある。

●を動かして、真ん中にたて7こ、横5こならんだまとまりが1つと、3このまとまりが2つある。

数え方はいろいろあるよ。くふうして求めよう。

答え8ページ

2けたでわるわり算の筆算

2けたでわるわり算の筆算

65÷32 の筆算をします。
次の□にあてはまる数をかきましょう。

ヒント
65 を 60、
32 を 30
とみて、
60÷30 から
商の見当を
つけるよ。

```
      □
3 2 ) 6 5
```
6÷3 で、2 を一の位（くらい）にたてる。

```
        2
3 2 ) 6 5
      6 4
```
32 に 2 をかけて 64

```
        2
3 2 ) 6 5
      6 4
      ---
        □
```
65 から 64 をひいて 1

商が十の位からたたないときは、一の位にたてるよ。

次の計算をしましょう。

❶ 24)72

❷ 12)49

❸ 45)82

商の見当をつけて、大きすぎたときは、1 ずつ小さくしよう。

次の計算をしましょう。

① 28)644

② 19)539

③ 26)8563

ヒント
28)644
商は十の位(くらい)からたつよ。

わられる数が3けたや4けたのときも、商の見当をつけて計算するよ!

次の問題に答えましょう。

① 上の式の答えと下の式の答えが同じになるわけを考えました。
□にあてはまる数をかきましょう。

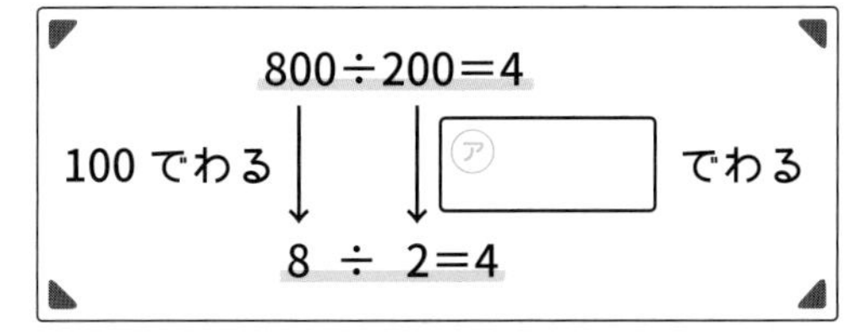

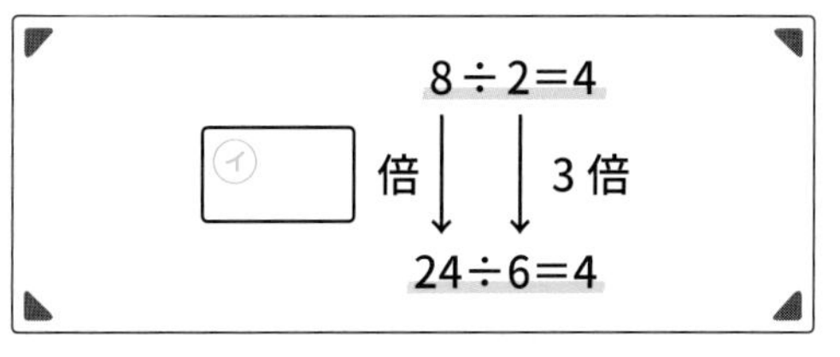

② 上の式の答えと下の式の答えが同じになるものを、下の㋐〜㋓から
すべて選(えら)んで、記号を○でかこみましょう。

あ	い	う	え
400÷20 400÷2	560÷80 56÷8	240÷40 2400÷40	700÷10 3500÷50

わられる数とわる数に同じ数をかけても、同じ数でわっても商は同じになるよ。

答え9ページ

がい数

29 さんすう　がい数の表し方とがい数のはんい

次の(　)の正しいほうを選んで、○でかこみましょう。

1. 320 や 270 を、四捨五入で、百の位までのがい数で表します。
   ①(十 ・ 百)の位の数字をみます。
   ②十の位の数字が、0、1、2、3、4 のときは切り捨てて、
   5、6、7、8、9 のときは切り(上げ ・ 捨て)ます。
   320 は(300 ・ 400)、270 は(200 ・ 300)になります。

ある位までのがい数で表すには、そのすぐ下の位の数字をみるよ。

2. 下の表は、数のはんいを表すことばをまとめたものです。

300(以上 ・ 以下)	300 に等しいか、それより大きい数。
300(以下 ・ 未満)	300 より小さい数。300 は、はいらない。
300(以下 ・ 未満)	300 に等しいか、それより小さい数。

およその数のことを「がい数」というよ。

30 さんすう

次の問題に答えましょう。

1. 172629 を四捨五入で、　　のがい数にしましょう。
   千の位まで　(　　　　　　)
   一万の位まで　(　　　　　　)
   上から2けた　(　　　　　　)

ヒント
上から2けたのがい数にするときは、上から3つ目の位を四捨五入するよ。

2. 四捨五入で、百の位までのがい数にしたとき、300 になる整数のはんいは、250 から 349 までです。

150　200　250　300　350　400　450
200になるはんい　300になるはんい　400になるはんい

以上、未満、以下を使って、このはんいを表しましょう。

㋐ [　　] 以上 [　　] 以下　　㋑ [　　] 以上 [　　] 未満

がい数で表すときは、どの位を四捨五入すればよいかに気をつけよう。

面積（めんせき）

面積の公式

次の□にあてはまることばや数をかきましょう。

❶ 長方形の面積＝たて×□

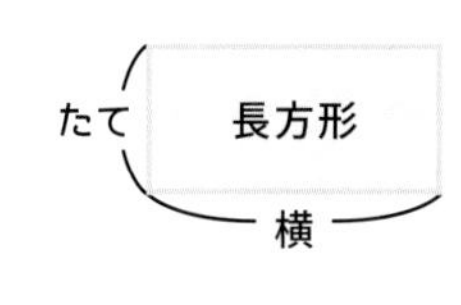

❷ 正方形の面積＝1辺（へん）×□

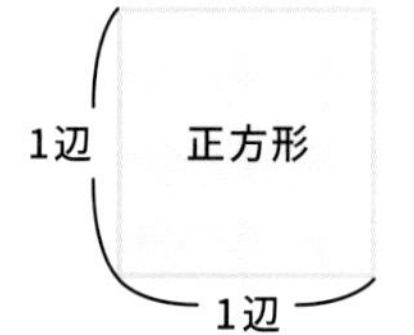

❸ 面積の公式を使って、次の面積を求（もと）めましょう。

㋐たて3m、横8mの長方形の形をした畑の面積

3m　8m

式　3×□＝□　　　□ m^2

㋑1辺が5cmの正方形の形をしたシールの面積

式　5×□＝□　　　□ cm^2

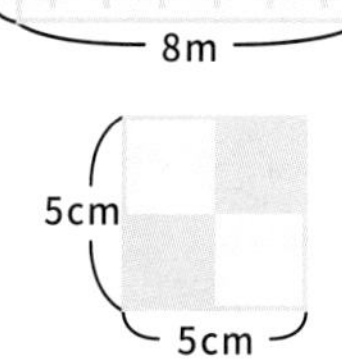

1辺が1cmの正方形の面積を1cm^2とかいて「1平方センチメートル」とよむよ。

次の□にあてはまる数をかきましょう。

❶ 右の図のような花だんの、花を植えた部分の面積は、大きい長方形から小さい正方形をひくと考えると、

□×10－□×4 という式で求（もと）められます。

大きい長方形　小さい正方形

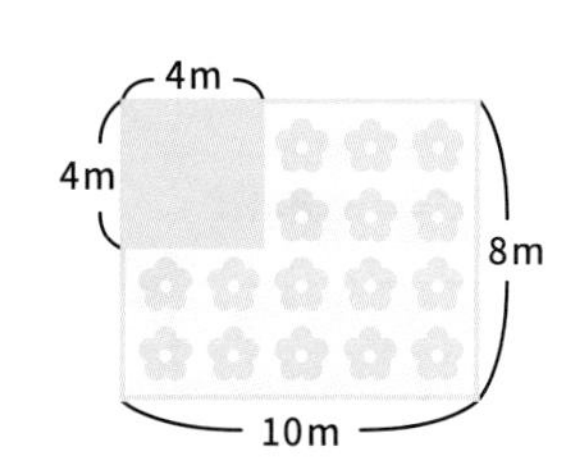

❷ 1m^2＝□cm^2

❸ 1km^2＝□m^2

❹ 1a（アール）＝□m^2

❺ 1ha（ヘクタール）＝□m^2

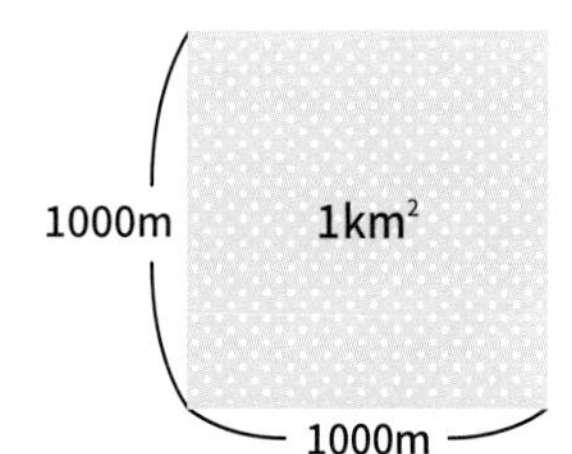

1000m　1km^2　1000m

1aは1辺（へん）が10mの正方形の面積、1haは1辺が100mの正方形の面積だよ。

算数のお勉強 11

小数×整数、小数÷整数

小数のかけ算

次の□にあてはまる数をかきましょう。

❶ $0.3 \times 4 =$ ㋐ 1.2

↓×10　↓×10　÷10

$3 \times 4 =$ 12

考え方

0.3 を ㋑□ 倍して 3×4 の計算をすると 12 になります。その 12 を ㋒□ でわると答えが求(もと)められます。

❷ $0.09 \times 5 =$ ㋐□

↓×100　↓×100　÷100

$9 \times 5 =$ 45

考え方

0.09 を ㋑□ 倍して 9×5 の計算をすると 45 になります。その 45 を ㋒□ でわると答えが求められます。

小数を 10 倍または 100 倍して、整数にしてから計算してみよう。

次の計算をしましょう。

❶

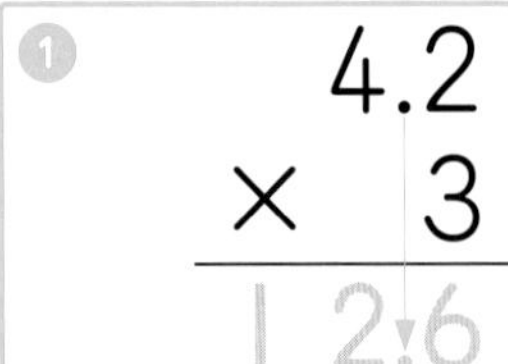

$$\begin{array}{r} 4.2 \\ \times \quad 3 \\ \hline 12.6 \end{array}$$

❷

$$\begin{array}{r} 6.7 \\ \times 49 \\ \hline \end{array}$$

❸

$$\begin{array}{r} 0.46 \\ \times \quad 35 \\ \hline \end{array}$$

ヒント

整数のときと同じように計算して、かけられる数の小数点にそろえて、答えの小数点をうつよ。

小数点の位置(いち)に注意しよう！

Mathematics

小数のわり算

次の□にあてはまる数をかきましょう。

❶ 0.8÷4＝㋐0.2

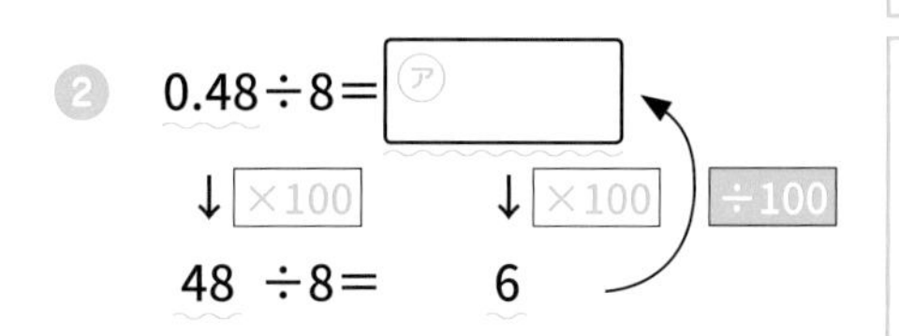

考え方

0.8を㋑□倍して8÷4の計算をすると2になります。その2を㋒□でわると答えが求(もと)められます。

❷ 0.48÷8＝㋐□

↓×100 ↓×100 ÷100
48 ÷8＝ 6

考え方

0.48を㋑□倍して48÷8の計算をすると6になります。その6を㋒□でわると答えが求められます。

かけ算と同じように計算をしよう。

次の計算をしましょう。❷は商を一の位(くらい)まで求(もと)め、あまりをかきましょう。❸はわり切れるまで計算しましょう。

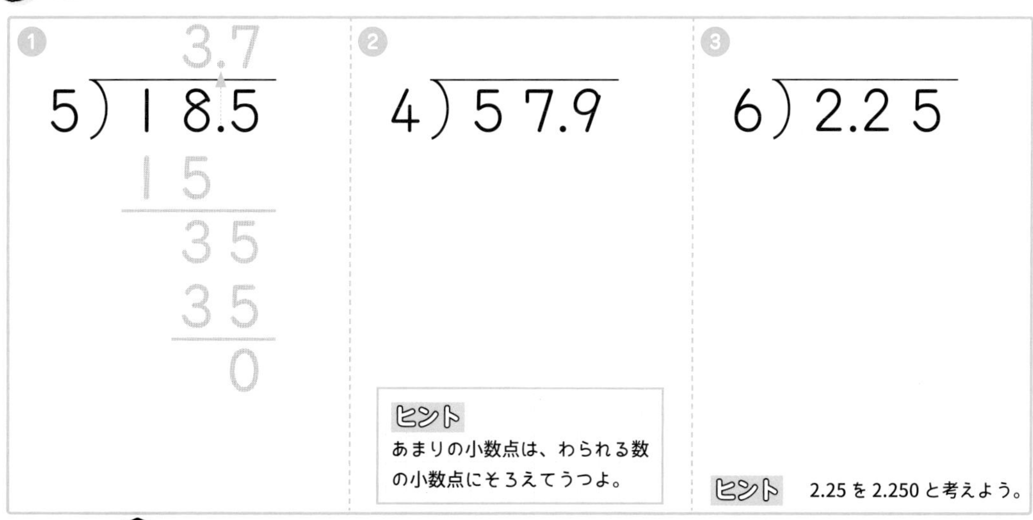

ヒント あまりの小数点は、わられる数の小数点にそろえてうつよ。

ヒント 2.25を2.250と考えよう。

商の小数点は、わられる数にそろえてうつよ。

Mathematics

整理のしかた

表にまとめる

右の図形を、形ともようで
分けます。
下の表にまとめましょう。

形＼もよう	▨		□		■		合計
○	T	2					
△							
□							
◇							
合計							

正の字を使って数えると、数えやすくなるよ。

37でまとめた表を見て、次の問題に答えましょう。

1. 図形は、全部で何こありますか。　（　　　）こ
2. ◇の形は、全部で何こありますか。　（　　　）こ
3. ○の形と□の形では、どちらが多いですか。
多いほうを選(えら)んで、○でかこみましょう。　（ ○ ・ □ ）
4. もようが▨の形は、全部で何こありますか。　（　　　）こ
5. もようが□の形と■の形では、どちらが多いですか。
多いほうを選んで、○でかこみましょう。　（ □ ・ ■ ）
6. □の形は、◆の形より何こ多いですか。　（　　　）こ多い

表をよく見て答えよう。

分数

真分数、仮(か)分数、帯(たい)分数

次の問題に答えましょう。

❶ あ～えの分数を真分数と仮分数に分けて、記号で答えましょう。

あ $\frac{1}{5}$　い $\frac{7}{7}$　う $\frac{11}{2}$　え $\frac{6}{9}$

真分数 (　　　　　)

仮分数 (　　　　　)

真分数 1より小さい分数　(例) $\frac{1}{2}$、$\frac{3}{4}$

仮分数 1に等しいか、1より大きい分数　(例) $\frac{3}{3}$、$\frac{7}{6}$

❷ アの仮分数を帯分数に、イの帯分数を仮分数になおしましょう。

ア $\frac{11}{5}$

(　　　)

ヒント

11÷5=2あまり1

$\frac{11}{5}=2\frac{1}{5}$

イ $2\frac{5}{6}$

(　　　)

6×2+5=17

$2\frac{5}{6}=\frac{17}{6}$

帯分数は、整数と真分数をあわせた分数だよ。

次の計算をしましょう。

❶ $\frac{7}{9}+\frac{13}{9}=$ □

ヒント　$\frac{1}{9}$が(7+13)こだよ。

❷ $\frac{13}{6}-\frac{8}{6}=$ □

ヒント　$\frac{1}{6}$が(13−8)こだよ。

❸ $1\frac{4}{7}+\frac{3}{7}=$ □ $+\frac{3}{7}$

= □

ヒント　$1\frac{4}{7}$を仮(か)分数になおそう。

❹ $1\frac{2}{7}-\frac{6}{7}=$ □ $-\frac{6}{7}$

= □

ヒント　$1\frac{2}{7}$を仮分数になおそう。

分母が同じ分数のたし算やひき算では、分子だけを計算するよ。

答え 10 ページ

変(か)わり方

変わり方

下の表は、正方形の1辺(べん)の長さとまわりの長さの関係(かんけい)を表したものです。次の問題に答えましょう。

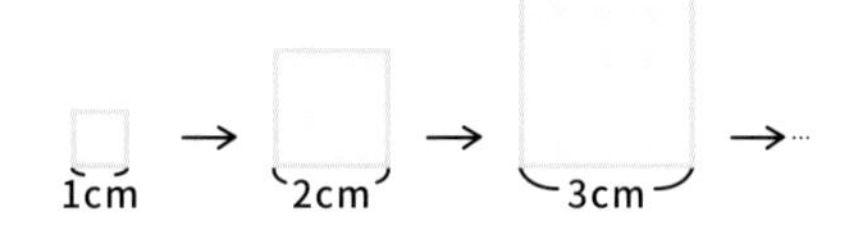

1辺の長さ (cm)	1	2	3	4	5	6	
まわりの長さ(cm)	4	8	12	16	20	24	

① ことばの式に表しましょう。

ヒント 正方形のまわりの長さは、1辺の長さの4倍だよ。

1辺の長さ ×4= まわりの長さ

② 1辺の長さを○cm、まわりの長さを△cmとして、○と△の関係を式に表しましょう。 (　　　　　)

○と△の関係の式は、ことばの式を使うとわかるね!

1辺(べん)が2cmの正方形を横にならべて、長方形をつくります。次の問題に答えましょう。

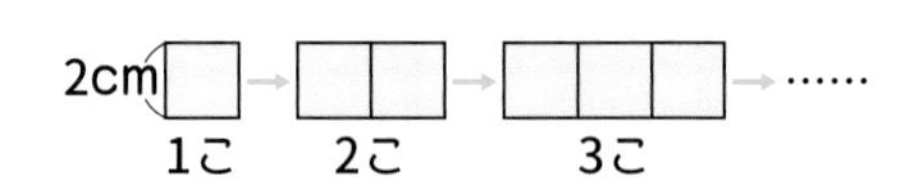

① 正方形の数と長方形の横の長さの関係(かんけい)を表に整理します。表のあいているところにあてはまる数をかきましょう。

正方形の数(こ)	1	2	3	4	5	6	
横の長さ (cm)	2	4				12	

② 正方形の数を○こ、長方形の横の長さを△cmとして、○と△の関係を式に表しましょう。 (　　　　　)

ヒント ことばの式に表すと、2×正方形の数=横の長さだね。

変わり方を調べるときは、表を使うとわかりやすいね。

算数のお勉強 15

直方体と立方体

面と面、辺と辺、面と辺の関係

右の図は、直方体の見取図です。
次の(　)にあてはまる記号をかきましょう。

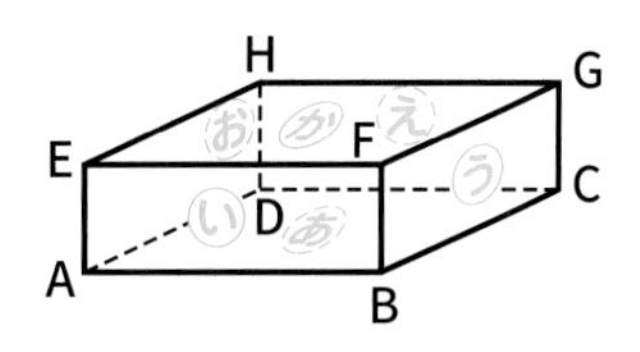

❶ かの面とあの面は平行であるといいます。
いの面に平行な面は、(　　　)の面です。
うの面に平行な面は、(　　　)の面です。

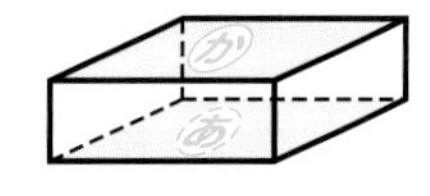

❷ 辺 EH と辺 EA は垂直であるといいます。
辺 EH と垂直な辺をすべてあげると、
辺 EA、辺(　　　　　)、辺 HD、辺 HG です。

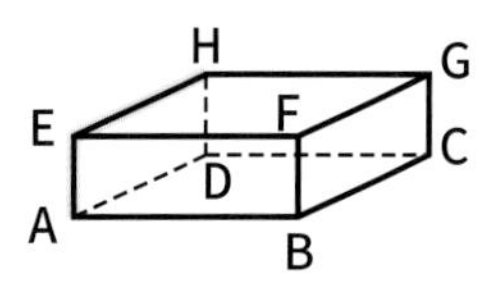

❸ うの面と辺 EH は平行であるといいます。
うの面と平行な辺をすべてあげると、
辺 EH、辺 HD、辺 AD、辺(　　　　　)です。

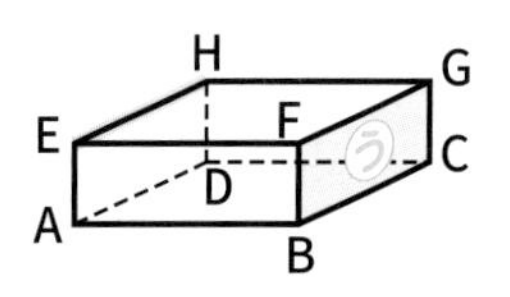

長方形や、長方形と正方形でかこまれた形を「直方体」というよ。

右の図は、立方体のてん開図です。
このてん開図を組み立てます。
次の問題に答えましょう。

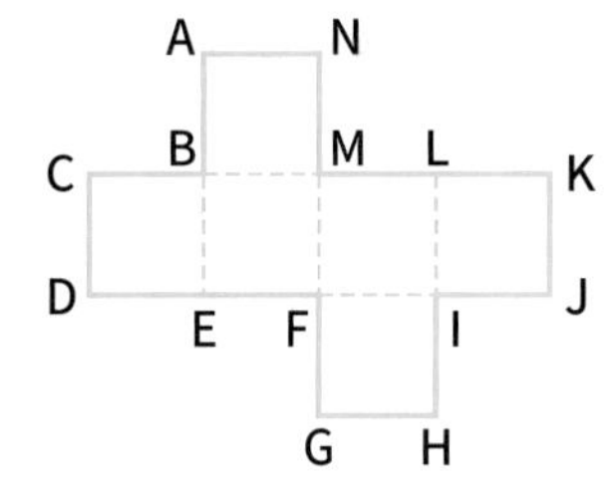

❶ 頂点 D と重なる頂点は、2 つあります。
頂点 J とどの頂点ですか。

頂点(　　　)

❷ 頂点 E と重なるのは、どの頂点ですか。

頂点(　　　)

❸ 辺 DE に重なるのは、どの辺ですか。

辺(　　　　)

❹ 頂点 A と重なる頂点は、2 つあります。
どの頂点ですか。すべて答えましょう。

頂点(　　　)と頂点(　　　)

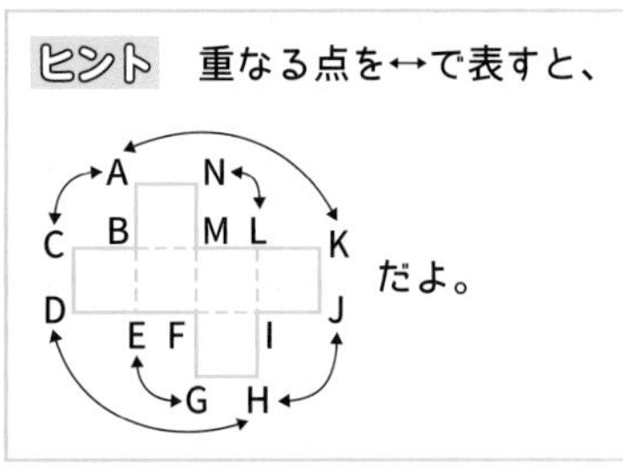

直方体や立方体などの形を辺にそって切って開いた図のことを「てん開図」というよ。

ポイントチェック

4年生で学ぶ算数のだいじなことをまとめたよ。
かくにんしよう。

直角は90°

- ☑ 一億は千万の 10 倍
- ☑ 一兆は千億の 10 倍
- ☑ 一兆は一億の 10000 倍

- ☑ 2本の直線が交わってできる角が直角のとき、この2本の直線は垂直。
- ☑ 1本の直線に垂直な2本の直線は平行。

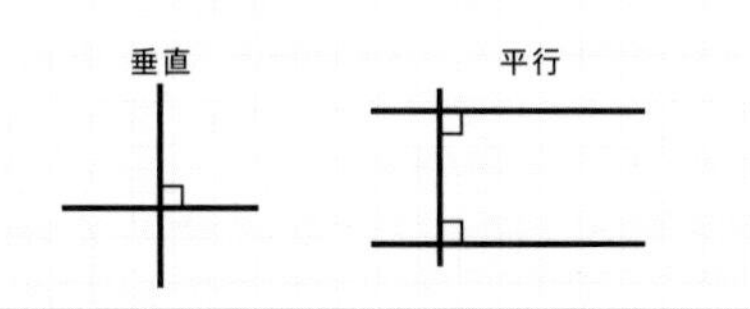

- ☑ 台形…向かいあう1組の辺が平行な四角形。
- ☑ 平行四辺形…向かいあう2組の辺がどちらも平行になっている四角形。
- ☑ ひし形…辺の長さがすべて等しい四角形。
- ☑ 対角線…四角形の向かいあう頂点を結んだ直線。

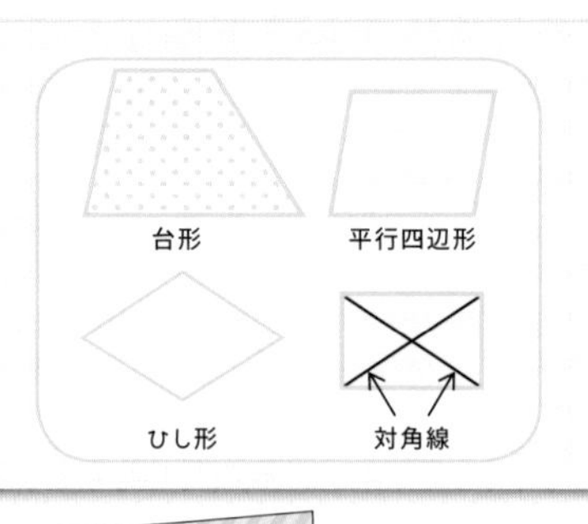

- ☑ 計算はふつう、左から順にする。
- ☑ (　)があるときは(　)の中をさきに計算する。
- ☑ ×、÷は、+、−よりさきに計算する。

- ☑ 以上…その数に等しいか、それより大きい数。
- ☑ 未満…その数より小さい数。(その数は、はいらない。)
- ☑ 以下…その数に等しいか、それより小さい数。

1つの数を、ある位までのがい数で表すには、そのすぐ下の位の数字が
0、1、2、3、4のときは切り捨てる。
5、6、7、8、9のときは切り上げる。

面積

- ☑ 長方形の面積=たて×横
- ☑ 正方形の面積=1辺×1辺

4年生の算数は、これでバッチリだね!

Science

～理科のお勉強～

もくじ

季節と生き物

季節と生き物

(　)にあてはまる言葉を、あとの□から選んで書きましょう。

- あたたかい季節には、植物は大きく(　　　　)し、動物は活動が(　　　　)なる。
- 寒い季節には、植物は(　　　　)を残してかれたり、えだに(　　　　)をつけたりして、冬をこす。動物は活動が(　　　　)なる。

成長	活発に
にぶく	花
たね	芽

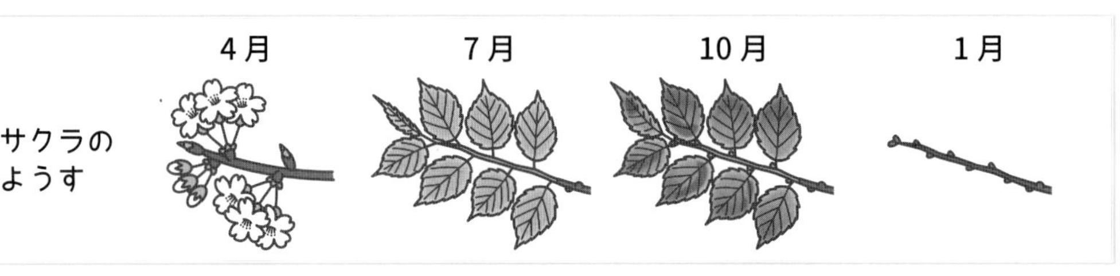

季節の変化によって、植物も動物も活動のようすが変わっていくんだね。

オオカマキリのようすについて、㋐～㋒が見られる季節はいつですか。春、夏、秋、冬のうち、あてはまるものを答えましょう。

㋐
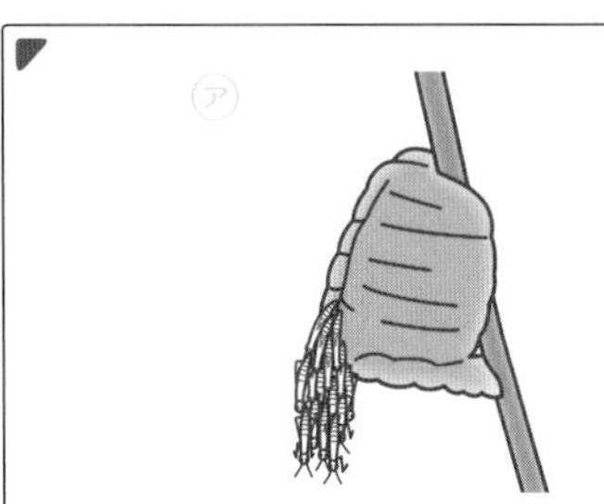
たまごから、よう虫がたくさん出てきた。

㋑
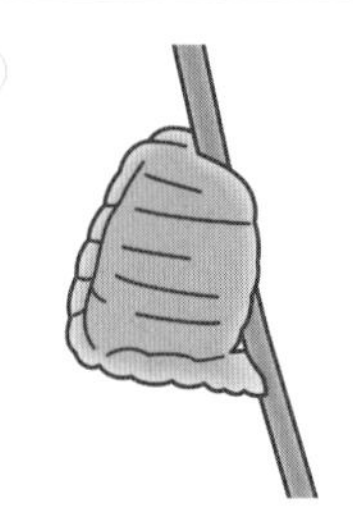
たまごだけが見られた。成虫は見られなかった。

㋒
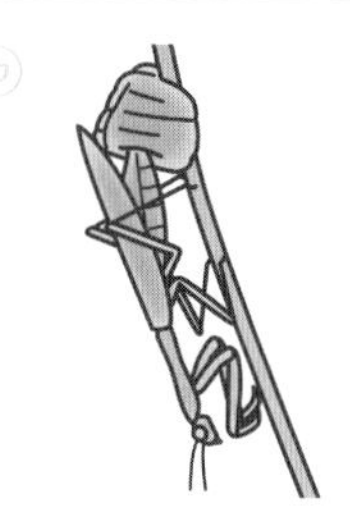
成虫がたまごを産んでいた。

㋐(　　　)　㋑(　　　)　㋒(　　　)

生き物の育ちと季節の関係をかくにんしよう!

Science

ゆらさんは、ちがう学校に通うりささんにメールを送りました。
このメールを送ったのは、1月ごろ、4月ごろ、7月ごろ、
10月ごろのうちのどれかを答えましょう。　　　　（　　　ごろ）

送信者：ゆら
To：りさちゃん
件名：ヘチマのたねいっぱい！
学校でヘチマを育てたよ。
世話はたいへんだったけど、育てているうちに
かわいく思えてきちゃった♪
ちょっと前までは黄色い花がさいて元気だったのに、
今は葉が落ちて、実ができてるよ。
茶色くなった実からは、たねがたくさんとれて、
うれしかったな★

ヘチマのたねまきや花がさくのは、どの季節だったかな？

次の「季節」と、その季節の「午前10時の気温」や「生き物のようす」について、関係(かんけい)のあるものを線でつなぎましょう。

季節	春(4月20日ごろ)	夏(7月20日ごろ)	冬(1月20日ごろ)
午前10時の気温	7°C	26°C	15°C
生き物のようす	ナナホシテントウが落ち葉の下にいた。	ツバメがたまごを産(う)んだ。	ヘチマやツルレイシの花がさいた。

季節や気温の変化(へんか)と、生き物のようすの関係をかくにんしよう。

Science

雨水と地面のようす

次の[　]の中の文字をなぞって、雨水と地面のようすについてまとめましょう。

雨水のゆくえ

- 雨がふるなどして、水が地面を流れるとき、
  [高い]場所から[低い]場所へと流れる。

水のしみこみ方

- 水のしみこみ方は、地面の土のつぶの
  [大きさ]によってちがいがある。
  土のつぶが大きいところは、水がしみこみ[やすい]。
  一方、土のつぶが小さいところは、水がしみこみ[にくい]。

地面にふった雨水は、高いところから低(ひく)いところへと流れるよ！

花だんで水やりをしようとしているおとやさんとまさとさんの会話です。(　)にあてはまる言葉を書きましょう。

おとや：きのうは雨だったけど、花だんの土がかわいているから水やりをしようか。

まさと：雨水も水やりの水も、地面に(　　　　　)からね。

おとや：でも、校庭には、まだ水たまりがあるよ。

まさと：ほんとうだ。水がいっぱいたまったのかな。

おとや：高いところから(　　　　)ところに流れて、そこにたまったみたいだね。

ふった雨は、地面(土)にしみこむんだね！

 答え 11 ページ

理科のお勉強 03

天気と1日の気温

天気と気温の変化

(　)にあてはまる言葉を、あとの□から選んで書きましょう。

- 気温は、風通しのよい(　　　　)で、地面からの高さが1.2〜1.5mのところではかる。
- 晴れた日は、1日の気温の変化が(　　　　)。
- くもりの日や雨の日は、1日の気温の変化が(　　　　)。

日なた　日かげ　大きい　小さい　ない

天気によって、気温の変化のしかたがちがうよ。

わかさんは、一日中雨がふっていた5月15日と、一日中晴れていた5月18日に気温を調べて、グラフにしました。次の問題に答えましょう。

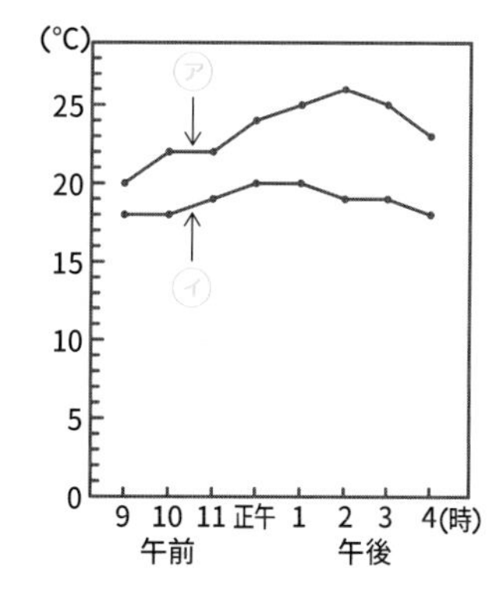

1. 一日中雨がふっていた5月15日の気温のグラフは、アとイのどちらですか。

(　　)

2. グラフを見たわかさんは、「雲が日光をさえぎるからだね。」と言いました。ア、イのどちらのグラフを見て言ったことですか。

(　　)

3. 5月18日の気温のグラフで、いちばん気温が高い時こくはいつですか。

(　　　　)

POINTはココだよ!

晴れの日は、1日の気温の変化が大きく、昼ごろの気温が高くなるね。

答え11ページ

ヒトの体のつくりと運動

次の[　]の中の文字をなぞって、ヒトの体のつくりや体のしくみについて、まとめましょう。

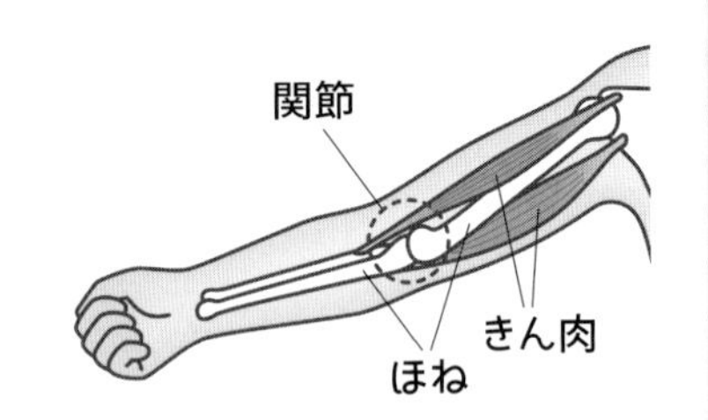

ヒトの体のつくり

- ヒトの体には、かたくてじょうぶな[ほね]と、やわらかい[きん肉]がある。
- ほねとほねのつなぎ目を[関節]といい、ここで体を曲げることができる。

ヒト以外（いがい）の動物にも、ほね、きん肉、関節（かんせつ）があり、体をささえたり、動かしたりしている。

体が動くしくみ

- [きん肉]がちぢんだり、ゆるんだりすることで、体を動かすことができる。

ほねやきん肉、関節のはたらきで、体を動かすことができるんだね！

図を見て、ヒトの体のしくみについて答えましょう。

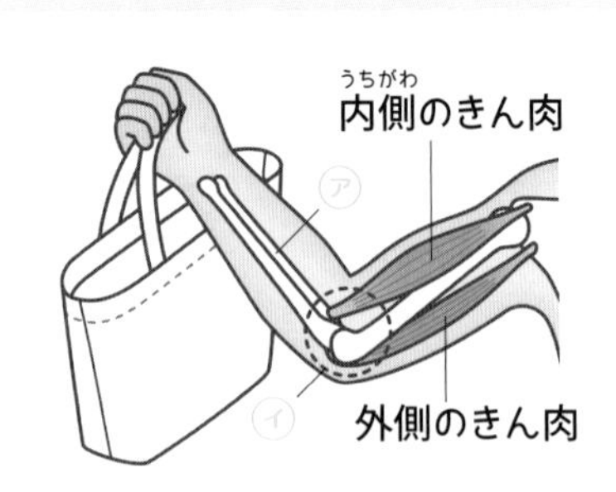

1. 図のア、イを何といいますか。

ア (　　　　)
イ (　　　　)

2. 次の言葉の中で、図の内側のきん肉に関係（かんけい）するものを2つ選（えら）んで、○でかこみましょう。

- うでをのばすとゆるむ。
- うでを曲げるとちぢむ。
- うでをのばすとちぢむ。
- うでを曲げるとゆるむ。

内側のきん肉がちぢむとき、外側のきん肉はゆるんでいるよ！

答え 11 ページ

空気や水のせいしつ

空気や水のせいしつについて、(　)にあてはまる言葉を、あとの□から選(えら)んで書きましょう。

空気のせいしつ

- とじこめた空気をおすと、体積(たいせき)は(　　　　)なり、もとの体積にもどろうとして、おし返す力は(　　　　)なる。

水のせいしつ

- とじこめた水はおしちぢめることが(　　　　)。また、おしても体積は(　　　　)。

大きく　小さく　変(か)わらない　変わる　できる　できない

とじこめた空気をおしたとき、体積が小さくなるほど、おし返す力は大きくなるよ!

図のように、空気と水をそれぞれちゅうしゃ器(き)に入れて、ちゅうしゃ器のピストンをおしてみました。
空気が入ったちゅうしゃ器のピストンをおしているのはだれとだれですか。

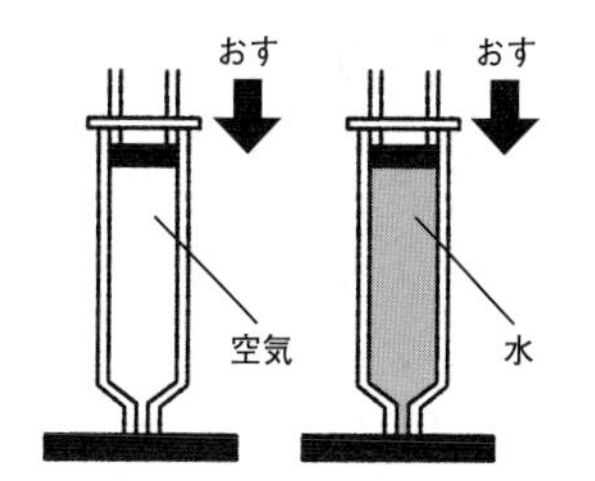

じゅり「ピストンをおすと、中の体積(たいせき)は小さくなり、おし返される感じがした!」

らん「ピストンをおしても、びくともしないよ!」

まみ「ピストンをおした手をはなすと、下がったピストンがもとにもどったよ。」

(　　　　)と(　　　　)

おしちぢめることができないのは、空気と水のどちらだったかな?

答え 12 ページ

月や星

次の[　]の中の文字をなぞって、月や星についてまとめましょう。

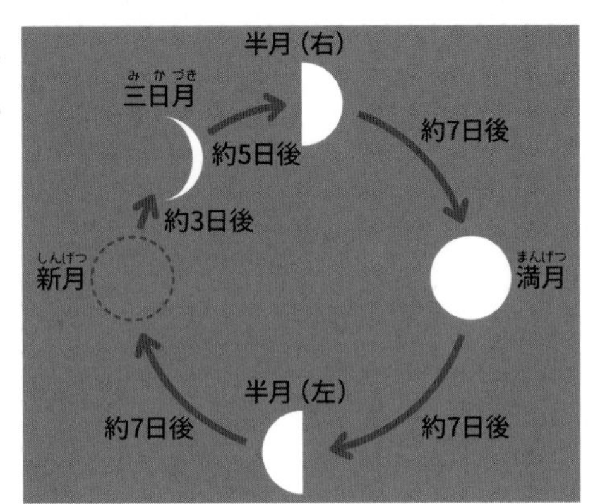

月

- 月は、日によって［三日月］・半月・［満月］のように形が変わる。
- 月は、時こくとともに、［東］から、南の空を通り、［西］のほうへ動く。

星

- 空には、いろいろな［明るさ］の星や、いろいろな［色］の星がある。
- 時こくとともに、星の見える［位置］は変わるが、星の［ならび方］は変わらない。

星は、明るいほうから1等星、2等星、3等星と分けられているよ！

図は、ある日の月を観察して記録したものです。次の問題に答えましょう。

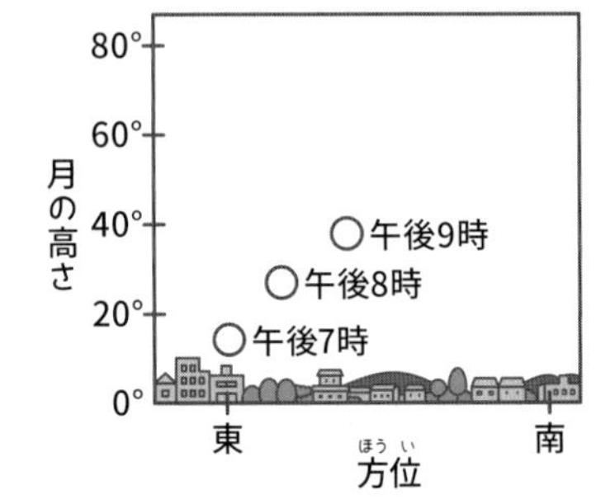

1. この日の月の形は、㋐～㋓のどれですか。
   ㋐ 新月　㋑ 三日月　㋒ 半月　㋓ 満月
   （　　）

2. 月は、㋐～㋒のどちらのほうからのぼりますか。
   ㋐ 南　㋑ 東　㋒ 西
   （　　）

3. 午後11時には、この日の月は㋐～㋒のどちらのほうの空にあると考えられますか。
   ㋐ 北　㋑ 南　㋒ 東
   （　　）

POINTはココだよ！

月の見える位置の変わり方をかくにんしよう！

ゆずかさんは、家族でキャンプに行ったときに見た星空のことを日記に書きました。
(　)にあてはまる言葉を、あとの□から選(えら)んで書きましょう。

大阪の町中では、ベガ、アルタイル、デネブの
3つの星をつないだ夏の(　　　　)とか、
少しの星しか見えないけど、キャンプ場では
たくさんの星が見えてびっくりしたよ。
いろいろな(　　　　)があるけど、昔の人は、
星の集まりを動物や道具などに見立てて、名前を
つけたのかな。わたしは11月生まれのさそり座。
さそり座のアンタレスは明るい(　　　　)。
色は(　　　　)で、ベガなどと色がちがっていたよ。

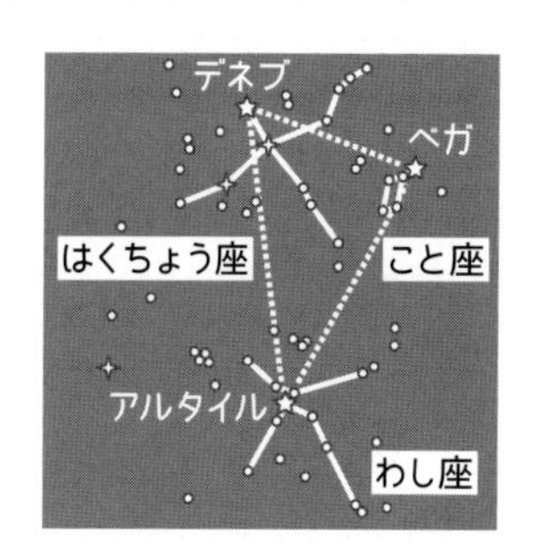

四角形	大三角	1等星(とうせい)	1光年	赤色	青色	星座(せいざ)

ベガ・アルタイル・デネブは白っぽい色をしている1等星だね。

図は、ある日の午後8時と午後10時に、カシオペヤ座(ざ)の位置(いち)を記録(きろく)したものです。次の問題に答えましょう。

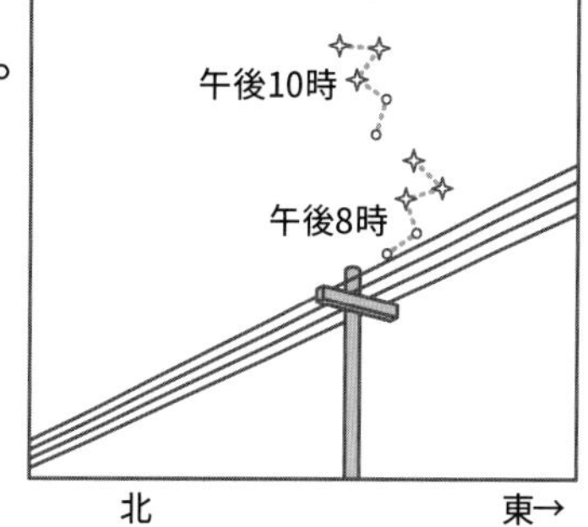

1 時間がたつと、星の位置は動きますか。動きませんか。

(　　　　　)

2 時間がたつと、星のならび方は変(か)わりますか。変わりませんか。

(　　　　　)

3 時間がたつと、星座の形は変わりますか。変わりませんか。

(　　　　　)

時間がたっても星のならび方は変わらないので、星座の形もずっと同じだよ！

答え12ページ

電流のはたらき

次の[　]の中の文字をなぞって、
電流のはたらきについてまとめましょう。

直列つなぎ

電流の向き

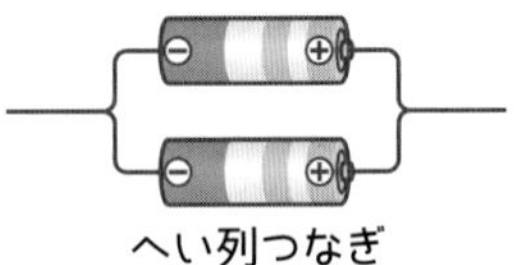
へい列つなぎ

- かん電池の＋極と－極にモーターのどう線をつなぐと、回路に［ 電流 ］が流れて、モーターが回る。
- かん電池をつなぐ向きを逆にすると、回路に流れる電流の向きが［ 逆 ］になり、モーターの回る向きも［ 逆 ］になる。

電流の大きさ

- かん電池を２こ直列つなぎにすると、１このときよりも、回路に流れる電流の大きさが［ 大きく ］なり、モーターの回る速さも［ 速く ］なる。
- かん電池を２こへい列つなぎにすると、１このときと、回路に流れる電流の大きさは［ 変わらず ］、モーターの回る速さも［ 変わらない ］。

かん電池の数やつなぎ方を変えると、電流の大きさや向きが変わるよ！

図の回路に電流を流したところ、けん流計のはりは右にふれ、モーターはあの向きに回りました。次の問題に答えましょう。

けん流計　い　あ

1. けん流計で調べることができるのは、ア～ウのどれですか。２つ選びましょう。
   - ア　電流の大きさ
   - イ　どう線の温度
   - ウ　電流の向き

   （　　）と（　　）

2. 図のかん電池のつなぐ向きを逆にすると、けん流計のはりは右にふれますか、左にふれますか。

   （　　）にふれる

3. 図のかん電池のつなぐ向きを逆にすると、モーターはあの向きに回りますか、いの向きに回りますか。

   （　　）の向きに回る

かん電池をつなぐ向きを逆にすると、電流の向きも逆になるよ！

ときやさん、れんさん、しょうさんは電気用図記号を使って、つないだ回路を回路図に表しました。

	豆電球	かん電池	スイッチ	モーター
記号	⊗	＋極 −極		Ⓜ

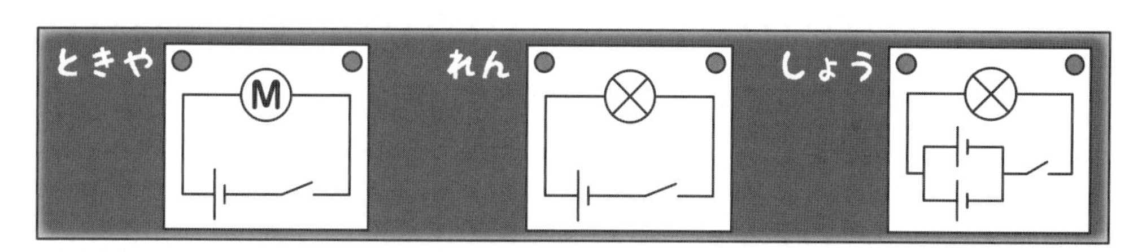

次の㋐〜㋒にあてはまるのは、だれの回路ですか。

㋐ 豆電球を使った回路　(　　　)と(　　　)

㋑ モーターを使った回路　(　　　)

㋒ かん電池を2こへい列つなぎにしている回路　(　　　)

POINTはココだよ！ 電気用図記号を使うと、回路をかんたんに図で表すことができるよ！

みんなで㋐〜㋓の回路をつくり、スイッチを入れました。
それぞれどの回路のことを話しているか、記号で答えましょう。

まり：2このかん電池のへい列つなぎだ。

みお：モーターが回る速さは㋒と同じくらいだね。

くるみ：これだけ、モーターが逆に回っているよ。

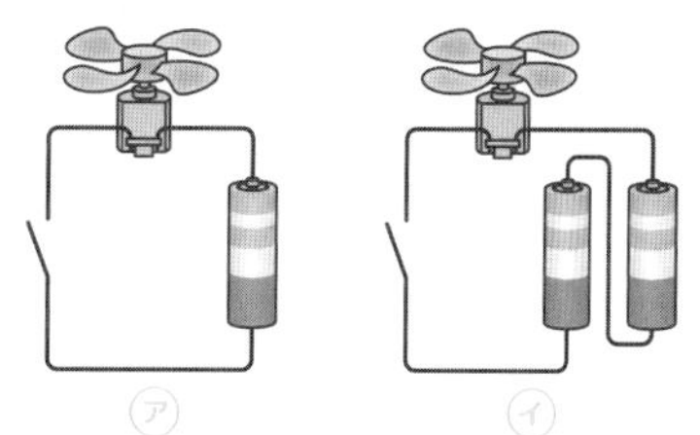

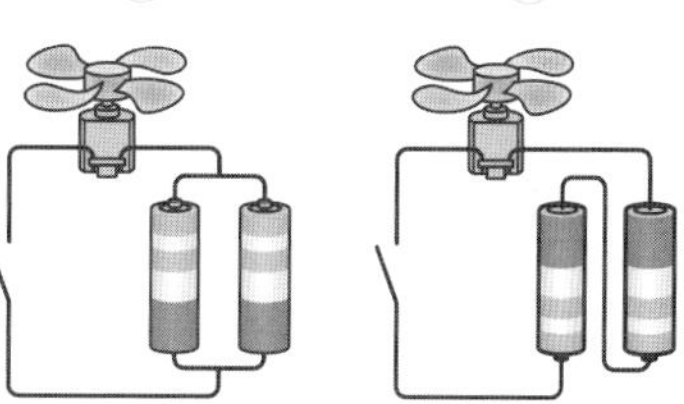

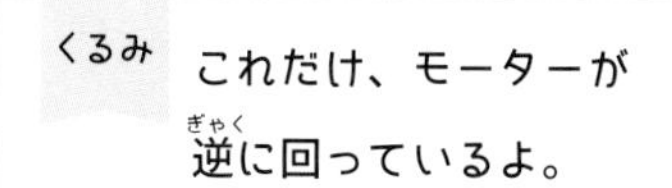

まり（　　）　みお（　　）　くるみ（　　）

直列つなぎとへい列つなぎをしっかり区別しておこう！

ものの温度と体積

21 りか

ものの温度と体積

(　)にあてはまる言葉を選んで、○でかこみましょう。

● 空気は、あたためると体積は(　大きく　・　小さく　)なり、
冷やすと体積が(　大きく　・　小さく　)なる。

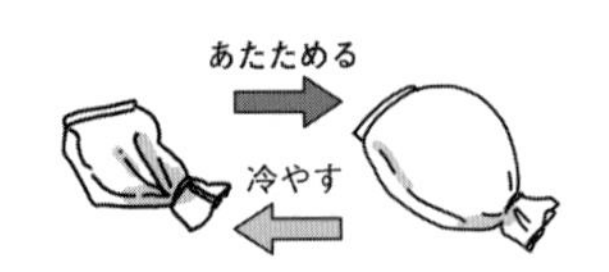

● 水は、あたためると体積は(　大きく　・　小さく　)なり、
冷やすと体積が(　大きく　・　小さく　)なる。
空気とくらべると、その変化は(　大きい　・　小さい　)。

● 金ぞくは、あたためると体積は(　大きく　・　小さく　)なり、
冷やすと体積が(　大きく　・　小さく　)なる。
しかし、空気や水とくらべると、その変化はとても(　大きい　・　小さい　)。

空気も水も金ぞくも、あたためると体積は大きくなるよ！

22 りか

みうさんは、ものの温度と体積の変化を調べて表にまとめましたが、はっていたカードの一部がはがれてしまいました。
①～④にあてはまるカードを、㋐～㋓から選びましょう。

	空気	水	金ぞく
①	③	● 体積が大きくなる。	● 体積が大きくなる。
②	● 体積が小さくなる。	● 体積が小さくなる。	④

㋐ ● 冷やすと…。　　㋑ ● あたためると…。

㋒ ● 体積が大きくなる。　　㋓ ● 体積が小さくなる。

① (　　)　② (　　)　③ (　　)　④ (　　)

金ぞくの体積の変化は、見ただけではわからないほど小さいよ！

 答え 13 ページ

23 りか

もののあたたまり方

(　)にあてはまる言葉を、あとの□から選(えら)んで書きましょう。

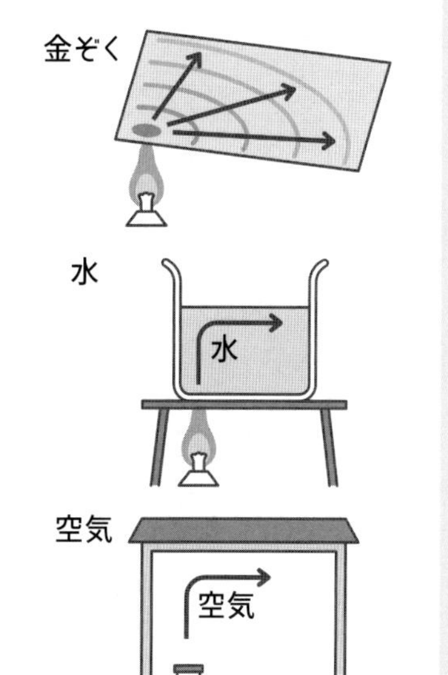

- 金ぞくは、熱(ねっ)した部分から(　　　)に熱(ねつ)がつたわって、全体があたたまる。
- 水や空気は、あたためられた部分が(　　　)に動いて、全体があたたまる。

順(じゅん)　上　下　横

空気と水のあたたまり方は同じだね!

24 りか

こはなさんとあえらさんは、おかしづくりをしながらおしゃべりをしています。

こはな　きざんだチョコを金ぞくのボウルに入れたよ。

ボウルをお湯につけて、チョコをとかそうね。　あえら

こはな　うん…。お湯につけていないボウルの上のほうのふちまで、あたたかくなってきたよ。

じゃあ、手が熱(あつ)くならないように、ミトン（なべつかみ）を使おうか。　あえら

こはな　これでだいじょうぶ。あっ、チョコがとけてきたね!

湯につけていないボウルのふちもあたたかくなったのはなぜですか。
㋐、㋑から選(えら)びましょう。

㋐ 湯であたためられた部分が上に動いてあたたまったから。
㋑ 湯であたためられた部分から熱(ねつ)がつたわってあたたまったから。　(　　)

金ぞくの熱のつたわり方はどうだったかな?

水のすがた

次の[　]の中の文字をなぞって、水のすがたの変化(へんか)についてまとめましょう。

水のすがた

● 水は、熱(ねっ)したり、[冷やしたり]すると、水じょう気や[氷]にすがたを変(か)える。

● 水が氷や水じょう気になると、体積(たいせき)は[大きく]なる。

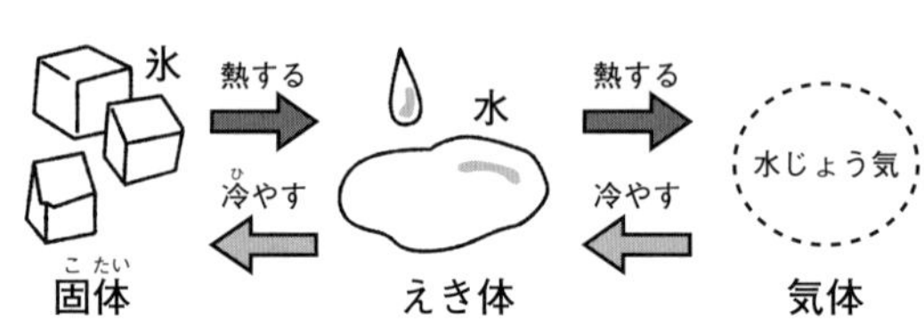

水のゆくえ

● 水は、[じょう発]して水じょう気に変わり、空気中にふくまれる。

● 空気中の水じょう気が冷やされると、[結ろ]して、[水]のすがたになって出てくることがある。

寒い日に、結ろ(けつ)してまどガラスに水てきがついていることがあるね。

図のように、やかんに水を入れて火にかけると、やがてわき立ってきます。次の問題に答えましょう。

1. 図のあのあたりは、白いけむりのようなものが見えます。この目に見える小さな水のつぶは、ア～ウのどれですか。

   ア　水じょう気　　イ　湯気(ゆげ)　　ウ　じょう発

   (　　)

2. 水をあたためたとき、100℃くらいでさかんにあわを出してわき立つことを何といいますか。ア～ウから選(えら)びましょう。

   ア　ふっとう　　イ　湯気　　ウ　じょう発

   (　　)

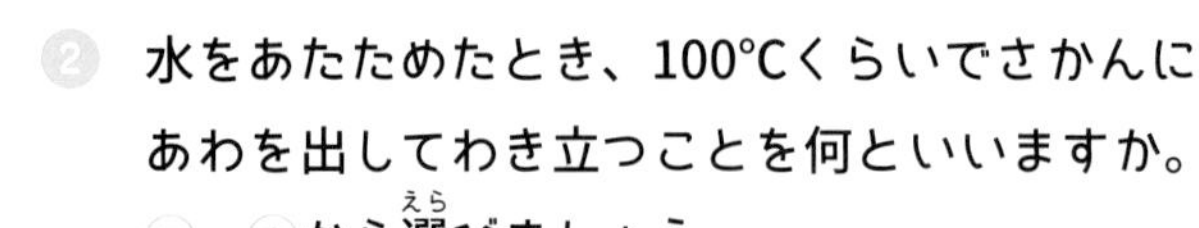
湯気は空気中の水じょう気が冷(ひ)やされて、水のつぶになったものだよ！

水をあたためたり冷(ひ)やしたりしたときのことについて、次の問題に答えましょう。

1 水がすがたを変(か)える温度は何℃ですか。線でつなぎましょう。

水がこおる温度 ・		・ 100℃
		・ 50℃
水がふっとうする温度 ・		・ 0℃

2 水のすがたについて、線でつなぎましょう。

氷 ・		・ 気体
		・ えき体
水じょう気 ・		・ 固体(こたい)

水は0℃でこおり始め、すべてこおるまで温度は変化(へんか)しないよ！

みんなで水のすがたについて学習をしました。だれがどのような水の変化(へんか)の例(れい)を話しているか、答えましょう。

ゆり：しめっていた せんたく物がかわいた。

ゆうか：冷(れい)とう庫から出した 氷がとけた。

めい：冷ぞう庫から出した かんジュースのかんに 水てきがついた。

まみ：冷とう庫に水を入れて おくと、水はこおった。

水→水じょう気（　　　　）　水→氷（　　　　）

水じょう気→水（　　　　）　氷→水（　　　　）

空気中では、水は水じょう気になっているよ！

Science

理科で使う器具

理科で使う器具について、かくにんしましょう。

加熱器具

☑ 加熱器具を使うと、ものを熱することができる。

ガスバーナー

アルコールランプ

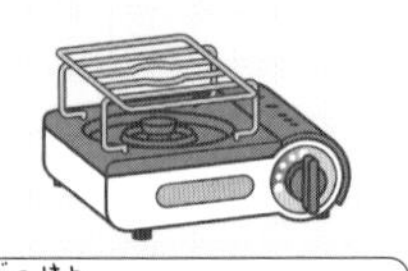

実験用ガスコンロ

ガスバーナーやアルコールランプに火をつけるときには、ガスライターやマッチを使う。

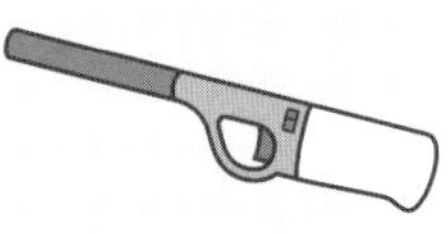

ガスライター

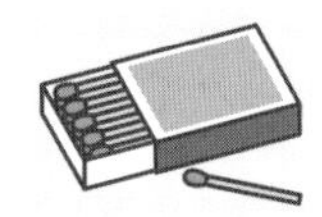

マッチ

注意 やけどをしないように、気をつけて使う。
火を消してもしばらくは熱いので、冷めるまでさわらない。
たおれそうなところに置かない。また、もえやすいものを近くに置かない。

実験器具

☑ 理科で使う実験器具には、次のようなものがある。

ビーカー

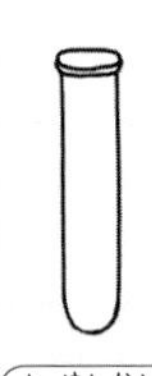

試験管

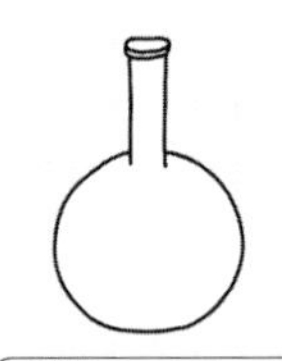

丸底フラスコ

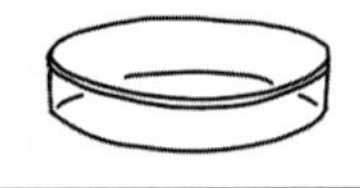

シャーレ（ペトリ皿）

ほごめがね（安全めがね）

注意 落としたりぶつけたりしてわらないように、気をつけて使う。

安全に気をつけて、楽しく観察・実験をしよう。

Social Studies

～社会のお勉強～

もくじ

社会のお勉強 01

47都道府県

日本地図をながめてみよう！

日本の地方名をなぞりましょう。また、自分の住んでいる都道府県に好きな色をぬりましょう。

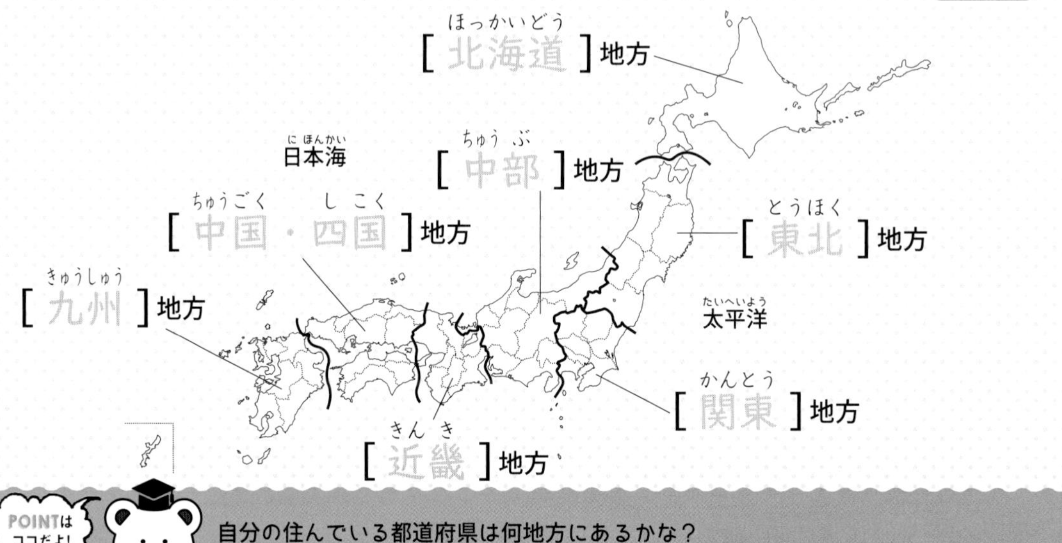

POINTはココだよ！ 自分の住んでいる都道府県は何地方にあるかな？

次の(　)にあてはまる数字や言葉を、下から選んで書きましょう。

- 日本には1都1道2府(❶　　　　　)県があって、北海道地方、東北地方、関東地方、中部地方、近畿地方、中国・四国地方、(❷　　　　　)地方に分かれている。
- (❸　　　　　)地方には、日本で一番大きい面積をもつ(❸)しかない。
- 中部地方と(❹　　　　　)地方には、9つの県がある。
- 日本海に面していないのは、(❺　　　　　)地方。
- 海に面していない県は、中部地方、関東地方、(❻　　　　　)地方にある。

47	九州	43	中国・四国	近畿	関東	北海道

海に面していない県を、内陸県とよぶこともあるよ。

3 しゃかい

次の県の県庁所在地名をなぞりましょう。

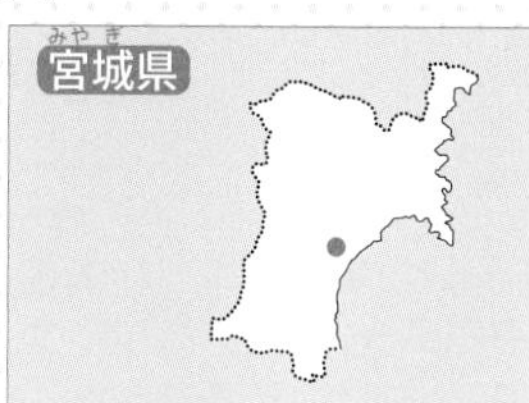

[仙台]市

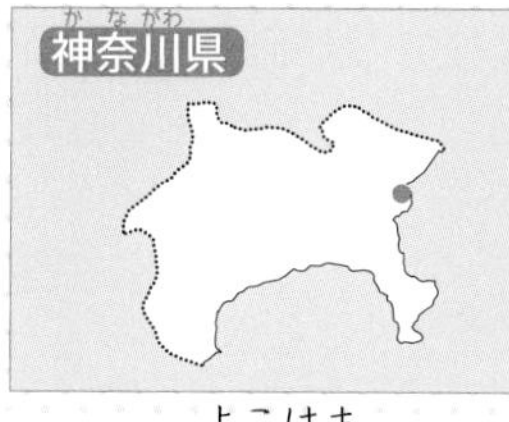

[横浜]市

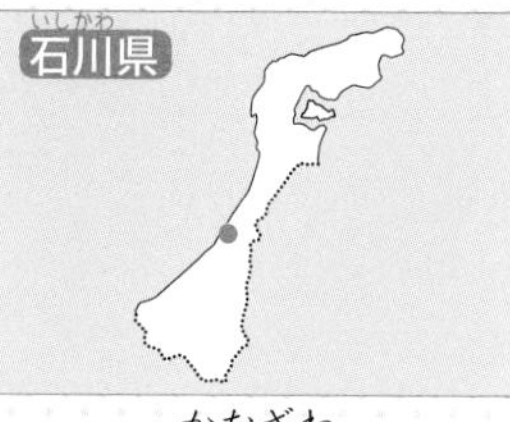

[金沢]市

[神戸]市

[松江]市

[高松]市

県名と県庁所在地名がちがう県があることをおさえよう！

4 しゃかい

次の(　)にあてはまる言葉を書きましょう。

1. 色を表す漢字が入っている県
   りんごの生産がさかんな(　　　)森県。
2. 動物を表す漢字が入っている県
   関東地方の群(　　　)県や九州地方の(　　　)本県。
3. 体の一部を表す漢字が入っている県
   東北地方の岩(　　　)県と中国・四国地方の山(　　　)県。
4. 同じ漢字が入っている県
   中部地方の(　　　)知県と中国・四国地方の(　　　)媛県。

47都道府県は、このほかにどんな仲間分けができそうかな？

九州地方

5 しゃかい

九州地方

次の県名をなぞりましょう。

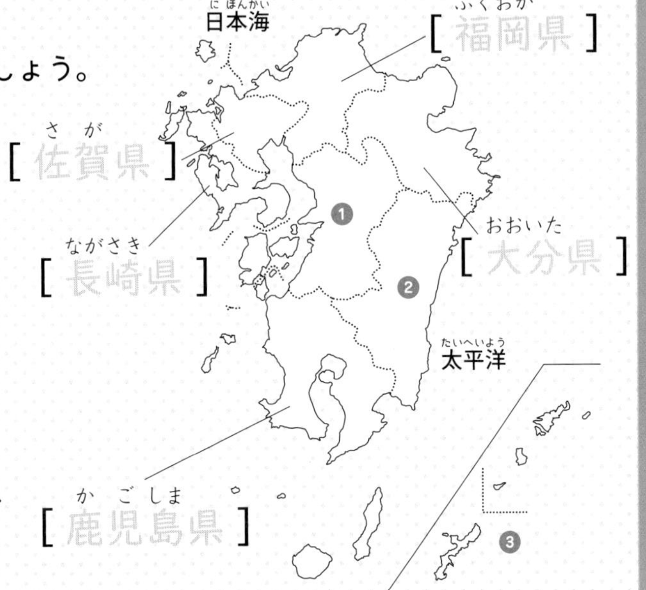

1 [熊本県]の阿蘇山には、世界最大級のカルデラがある。

2 [宮崎県]では、あたたかい気候をいかし、ピーマンなどの生産がさかん。

3 [沖縄県]がある場所には、昔、琉球王国が栄えていたため、独特の文化が残っている。

火山がふん火したときにできた、くぼんだ地形をカルデラというよ。

6 しゃかい

次の地図を見て、(　)にあてはまる県名や都市名を、右下から選んで書きましょう。

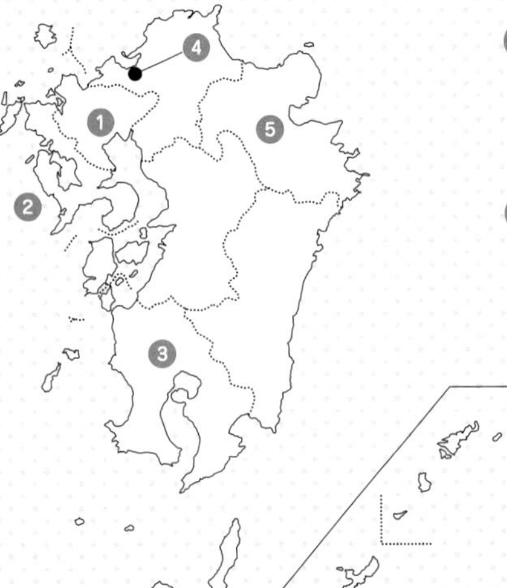

1 のりの養しょくがさかん。
(　　　　　　)県

2 島の数が多い。
(　　　　　　)県

3 さつまいもの生産がさかん。
(　　　　　　)県

4 九州地方の中心都市。
(　　　　　　)市

5 温泉がたくさんある。
(　　　　　　)県

福岡	大分
佐賀	長崎
鹿児島	

POINTはココだよ!

九州の中心都市は、福岡県の県庁所在地だよ。

7 しゃかい

次の県の形を見て、それぞれの県に関係の深いものを選び、線で結びましょう。

①

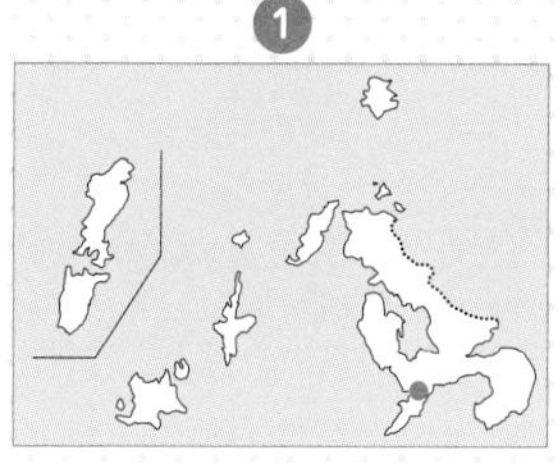

②

③

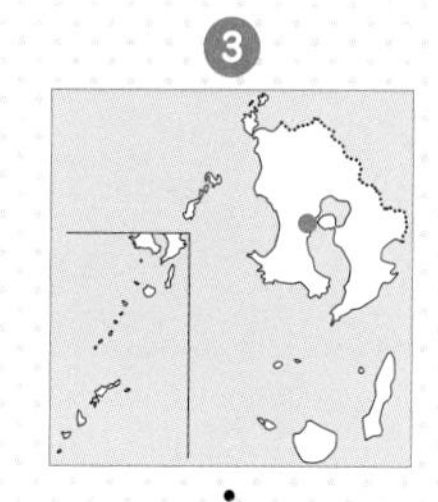

ア

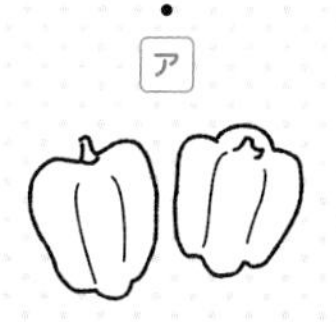

イ

ウ

県の形は、特ちょう的なところを見つけて覚えよう!

8 しゃかい

次のあやさんの日記を読んで、九州地方のどの県に旅行に行ったか、それぞれ書きましょう。

①

○月▲日

今日は、桜島を見に行きました。お昼ごはんには、ぶた肉料理を食べました。おいしかったです!

(　　　　　)県

②

×月□日

今日は、首里城に観光に行きました。明日は海でシュノーケリングをしてさんごを見る予定です。

(　　　　　)県

③

△月●日

今日は、関門海峡を見ました。対岸に山口県が見えていました。おみやげには、めんたいこを買いました。

(　　　　　)県

関門海峡にかかる関門橋は、山口県下関市と③の北九州市を結んでいるよ。

答え 14 ページ

社会のお勉強 03

中国・四国地方

9 しゃかい

中国・四国地方

次の県名をなぞりましょう。

❶ [鳥取県]には、鳥取砂丘がある。日本なしの生産量が多い。

❷ [広島県]は、かきの養しょくがさかん。

❸ [香川県]は、日本で一番面積が小さい県。讃岐うどんが有名。

POINTはココだよ！ 中国・四国地方の県名と位置をおさえよう！

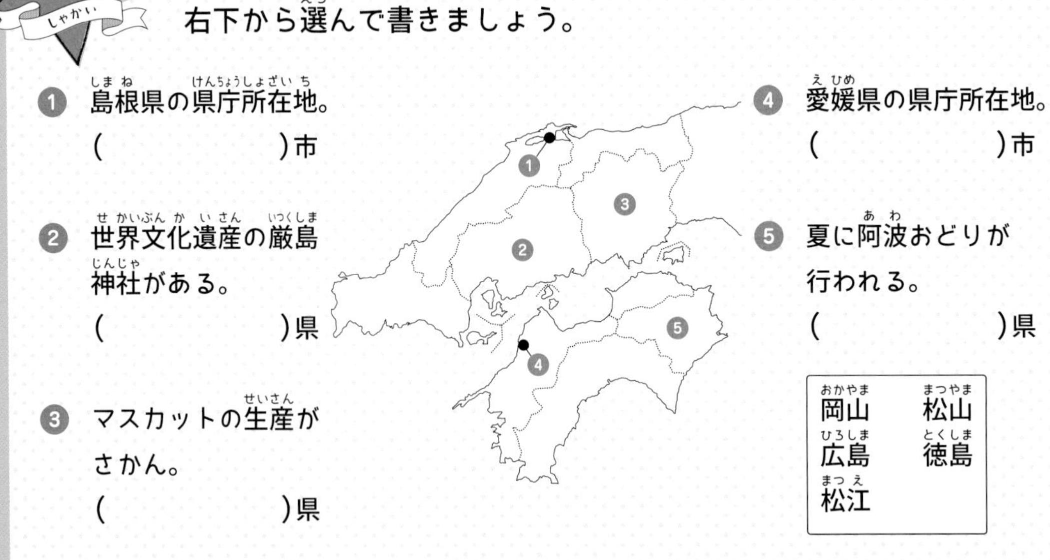

10 しゃかい

次の地図を見て、(　)にあてはまる県名や都市名を、右下から選んで書きましょう。

❶ 島根県の県庁所在地。
(　　　　　)市

❷ 世界文化遺産の厳島神社がある。
(　　　　　)県

❸ マスカットの生産がさかん。
(　　　　　)県

❹ 愛媛県の県庁所在地。
(　　　　　)市

❺ 夏に阿波おどりが行われる。
(　　　　　)県

岡山	松山
広島	徳島
松江	

POINTはココだよ！ 松江市と松山市は、名前がにているからまちがえないように注意しよう！

次の文を読んで、正しいものには〇を、まちがっているものには×を書きましょう。

❶（　　）中国地方には、6つの県がある。

❷（　　）鳥取県と島根県は、瀬戸内海に面している。

❸（　　）高知県は、太平洋に面している。

❹（　　）広島県は、中国地方のすべての県とせっしている。

❺（　　）徳島県は、四国地方のすべての県とせっしている。

❻（　　）香川県は、瀬戸内海をはさんで山口県と向かいあっている。

瀬戸内海をはさんで、中国地方は日本海側、四国地方は太平洋側だよ。

さきさんとまなみさんが中国・四国地方について会話をしています。（　）のうち正しいほうを選んで、〇でかこみましょう。

さき：中国地方では、鳥取県で❶（　なし　・　ぶどう　）の生産、❷（　広島県　・　岡山県　）でかきの養しょくがさかんだね。

まなみ：四国地方では、愛媛県で❸（　りんご　・　みかん　）、❹（　高知県　・　徳島県　）でなすやピーマンなど野菜の生産量が多いよ。

さき：それぞれの県で生産がさかんなものがちがうんだね。

中国・四国地方の各県の特ちょうをおさえよう！

Social Studies

答え 14 ページ

近畿地方

近畿地方

次の府県名をなぞりましょう。

❶ [京都府]には、昔、平安京が置かれていた。

❷ [滋賀県]にある琵琶湖は、日本で一番大きな湖である。

❸ 近畿地方では、[奈良県]と滋賀県が海に面していない。

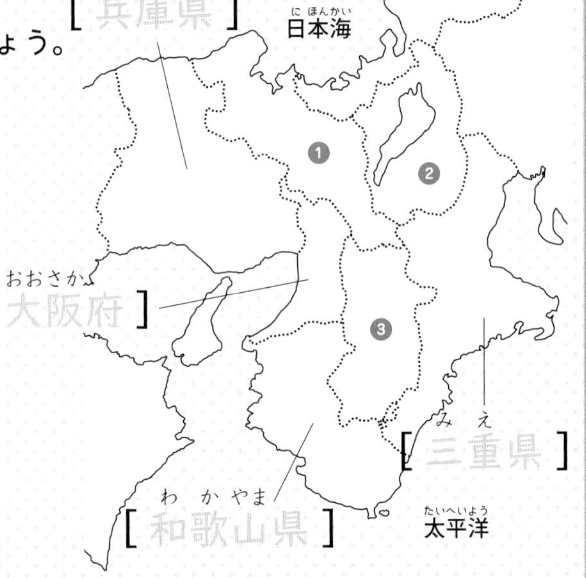

近畿地方の県名と位置をおさえよう！

次の地図を見て、（　）にあてはまる府県名や都市名を、右下から選んで書きましょう。

❶ 滋賀県の県庁所在地。
（　　　　　）市

❷ 三重県の県庁所在地。
（　　　　　）市

❸ 日本で三番目に人口が多い(2022年)。
（　　　　　）府

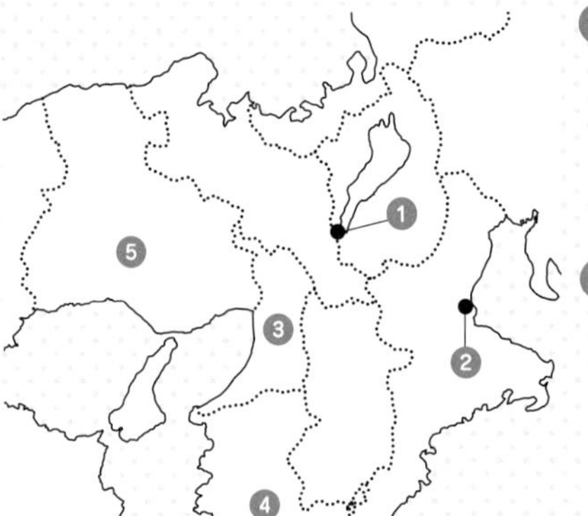

❹ 日本有数のみかんの産地。
（　　　　　）県

❺ 近畿地方で最も面積が広い。
（　　　　　）県

大阪　津
和歌山　大津
兵庫

「津」の漢字を使った県庁所在地名が2つあるよ！

次の（　）のうち、正しいほうを選んで、○でかこみましょう。

1. 近畿地方には（　6つ　・　7つ　）の府県がある。
2. 日本海と瀬戸内海の両方に面しているのは（　京都府　・　兵庫県　）である。
3. 淡路島は、（　兵庫県　・　大阪府　）にふくまれる。
4. 中部地方にせっしているのは（　奈良県　・　三重県　）である。
5. 日本で一番大きい湖である琵琶湖は、（　滋賀県　・　奈良県　）にある。
6. 大阪府とせっしているのは、（　和歌山県　・　滋賀県　）である。

近畿地方には、大阪府と京都府の２つの府があるよ。

次の府県の形を見て、それぞれの府県に関係の深いものを選び、線で結びましょう。

1 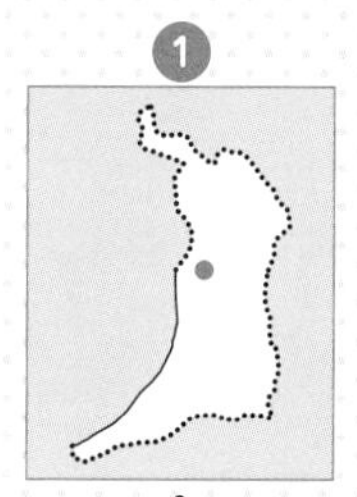

2 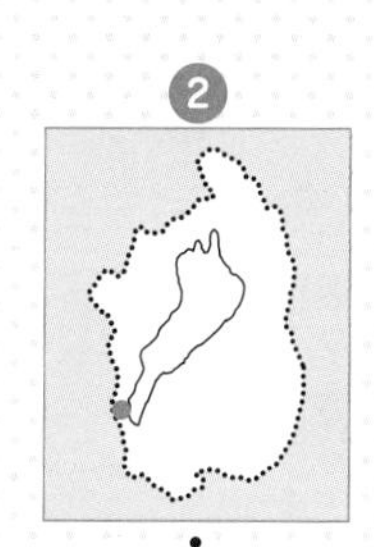

3 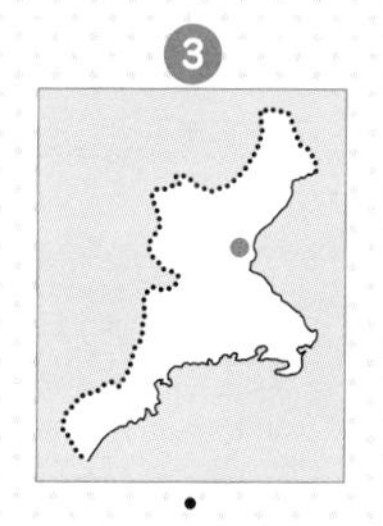

4 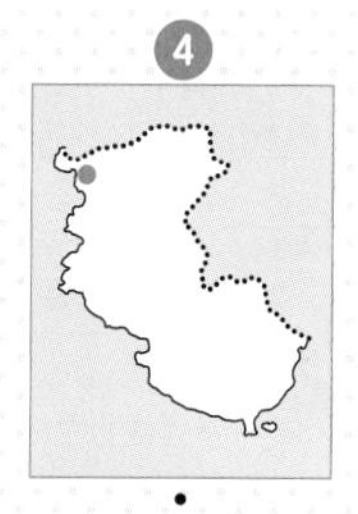

ア 

イ 

ウ 

エ 

エの近江牛は、日本で最も歴史のあるブランド和牛として有名だよ。

答え 14 ページ

中部地方

17 しゃかい

中部地方

次の県名をなぞりましょう。

❶ [山梨県]と ❷ [静岡県]の県境には、日本で一番高い富士山がある。

❸ [愛知県]の南部には２つの半島があり、カンガルーのような形をしている。

❹ [石川県]の北部には、能登半島があり、南北に細長い形をしている。

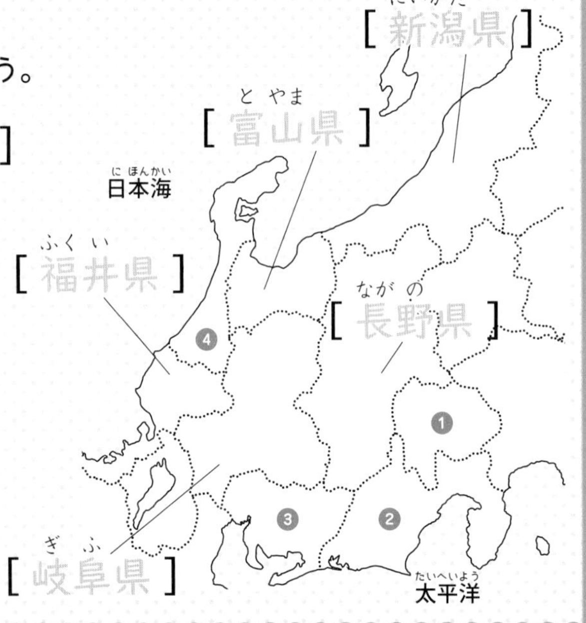

中部地方の県名と位置をおさえよう！

次の地図を見て、(　)にあてはまる県名や都市名を、右下から選んで書きましょう。

❶ 山梨県の県庁所在地。
(　　　　　　)市

❷ ８つの県とせっしている。
(　　　　　　)県

❸ 白えびが特産品。
(　　　　　　)県

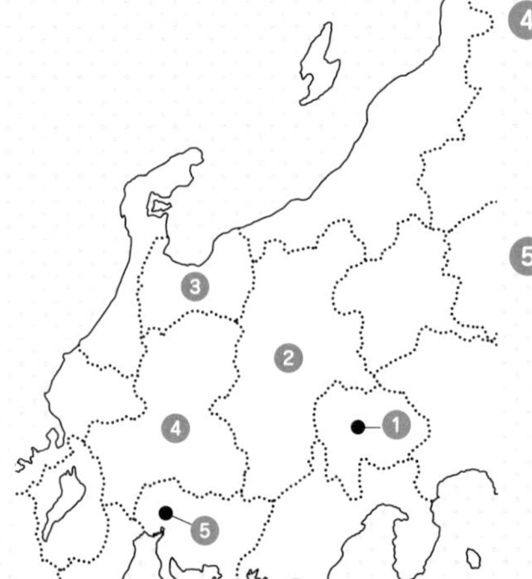

❹ 揖斐川・長良川・木曽川が流れる。
(　　　　　　)県

❺ 愛知県の県庁所在地で、中部地方の中心都市。
(　　　　　　)市

富山	名古屋
長野	甲府
岐阜	

県名と県庁所在地名がちがう県は３つあるよ！

Social studies

次の日記は、あきさんが家族で中部地方を旅行しているときに書いたものです。（　）にあてはまる県名を書きましょう。

○月×日

❶（　　　　　　）県を旅行中。夕食に出た越前がにがとってもおいしかった！「越前」はこのあたりの古い地名だって宿の人が教えてくれたよ。

○月◆日

❷（　　　　　　）県を旅行中。おみやげにささだんごを買ったよ！日本で一番長い川が日本海にそそいでいたよ。

○月●日

❸（　　　　　　）県を旅行中。甲府市にある果樹園で、みんなでぶどうがりをしたよ。この県は、ぶどうとももの生産がさかんなんだって！

げんざいの富山県は「越中」、新潟県は「越後」とよばれていたんだって！

中部地方について、次の問題に答えましょう。

❶ 日本海に面しているのは、新潟県と石川県、福井県と、もう1つは何県ですか。（　　　　）

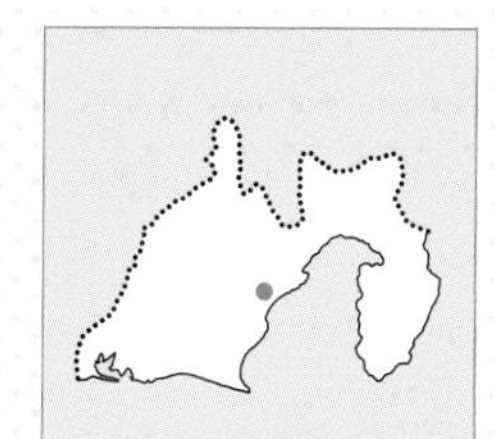

❷ 太平洋に面しているのは、愛知県と何県ですか。（　　　　）

❸ 海に面していないのは、岐阜県、長野県と、もう1つは何県ですか。（　　　　）

❹ 県名と県庁所在地名がちがう県は、愛知県、山梨県と、もう1つは何県ですか。（　　　　）

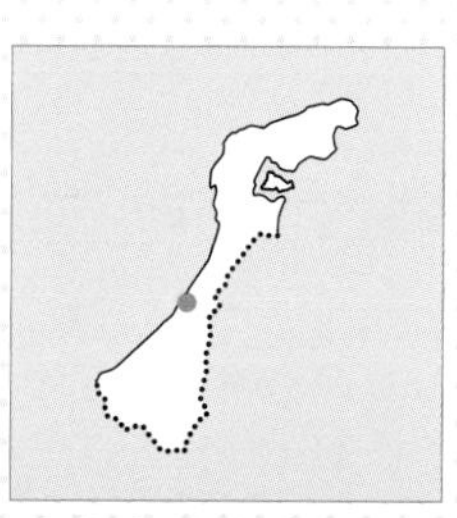

❺ 長野県とせっしていない県を、次から1つ選びましょう。

ア 岐阜県　イ 新潟県　ウ 愛知県　エ 福井県

（　　）

長野県は全国で一番多くの県とせっしているよ！

Social Studies

答え15ページ

関東地方

21 しゃかい

関東地方

次の都県名をなぞりましょう。

❶ [茨城県]は、レタスやピーマンなどの野菜の生産がさかん。

❷ [千葉県]の東部は、太平洋に面している。また、北部には関東平野が広がっている。

❸ [東京都]には、日本の首都があり、人口が日本一多い(2022年)。

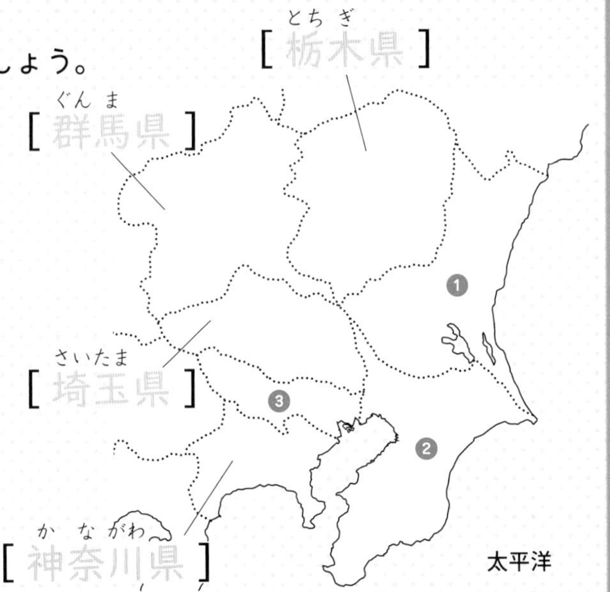

関東地方の都県名と位置をおさえよう!

22 しゃかい

次の地図を見て、( )にあてはまる県名や都市名を、右下から選んで書きましょう。

❶ 茨城県の県庁所在地。
( )市

❷ とちおとめなどのいちごの生産がさかん。
( )県

❸ 群馬県の県庁所在地。
( )市

❹ 深谷ねぎが特産品。
( )県

❺ 神奈川県の県庁所在地。
( )市

栃木	前橋
水戸	埼玉
横浜	

関東地方は県名と県庁所在地名がちがう県が多いよ!

23 しゃかい

次の県に関係の深いものをそれぞれ選んで、記号を書きましょう。

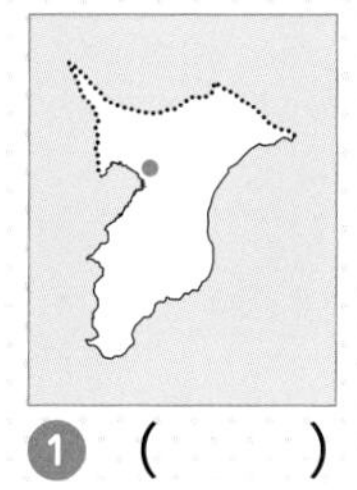
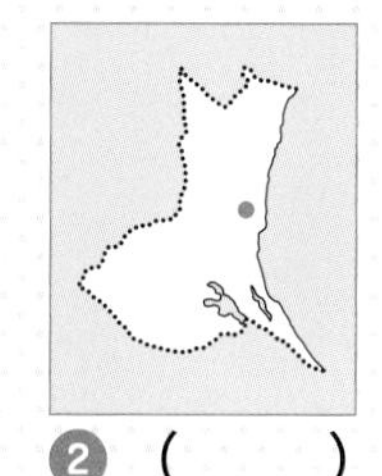

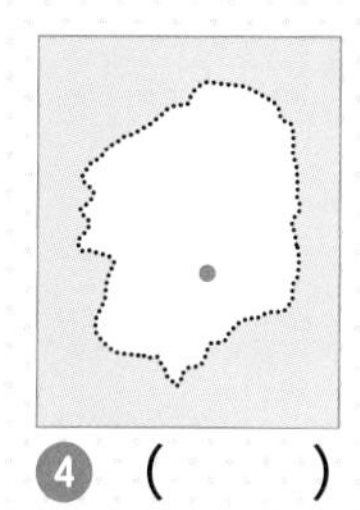

❶（　　）　❷（　　）　❸（　　）　❹（　　）

ア 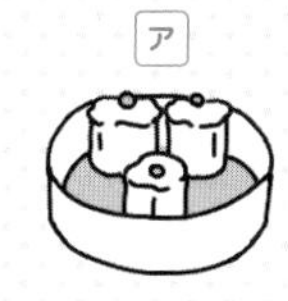
イ 
ウ 
エ 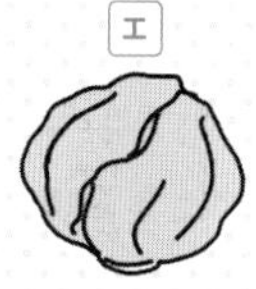

神奈川県の横浜市には、中華街があるよ。

24 しゃかい

次のカード中の（　）にあてはまる言葉を、下から選んで書きましょう。

群馬県
- つるがつばさを広げたような形だよ。
- すずしい地いきでは（❶　　　）の生産がさかん。

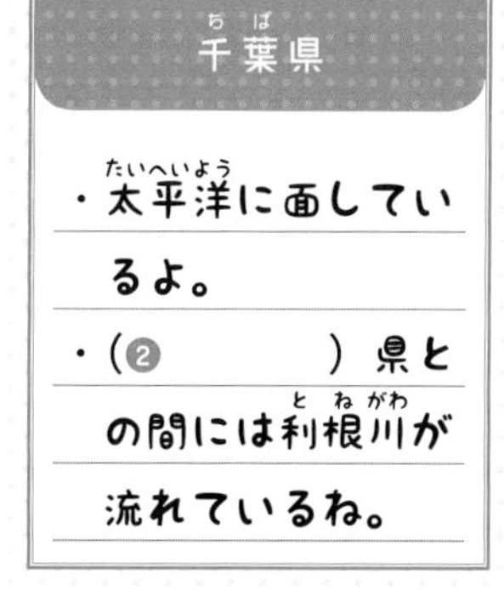

千葉県
- 太平洋に面しているよ。
- （❷　　　）県との間には利根川が流れているね。

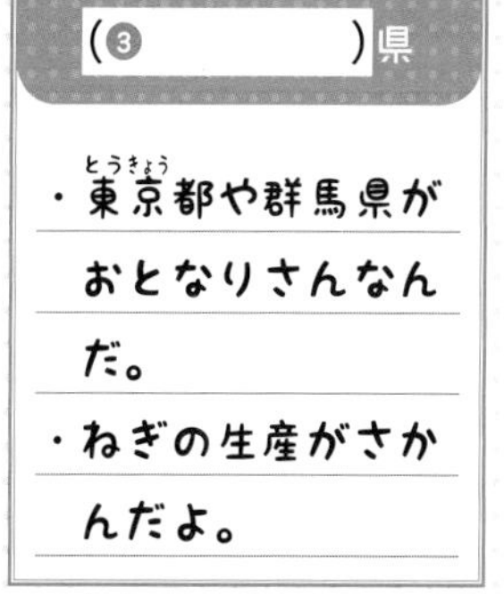

（❸　　　）県
- 東京都や群馬県がおとなりさんなんだ。
- ねぎの生産がさかんだよ。

埼玉　茨城　栃木　キャベツ　ピーマン

地図を見ながら、どの県がとなりあっているのかたしかめよう。

答え15ページ

東北地方・北海道地方

25 しゃかい

東北地方・北海道地方

次の道県名をなぞりましょう。

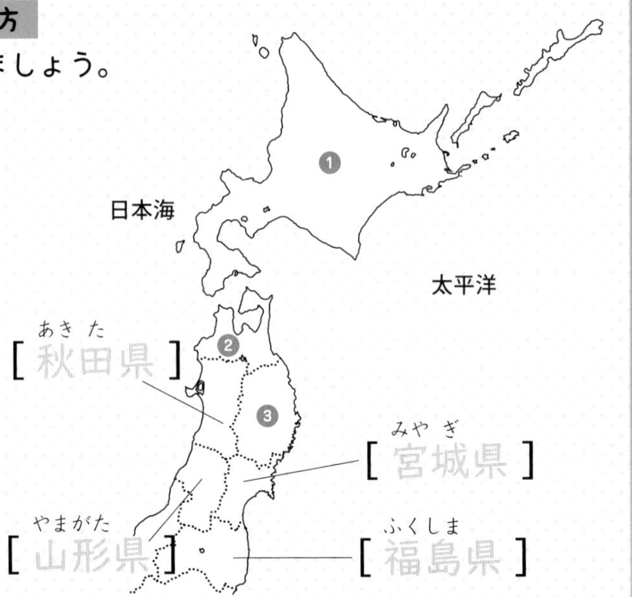

① [北海道]は、日本の都道府県のうち、最も面積が大きい。

② [青森県]は、日本海と太平洋の両方に面している。りんごの生産がさかん。

③ [岩手県]は、太平洋に面しており、県の南東部の海岸線が入り組んでいる。

岩手県は、全国で北海道の次に面積が広い県だよ。

26 しゃかい

次の地図を見て、(　)にあてはまる県名や都市名を、右下から選んで書きましょう。

① 北海道の道庁所在地。
(　　　　　)市

② 米の生産がさかん。
(　　　　　)県

③ 岩手県の県庁所在地。
(　　　　　)市

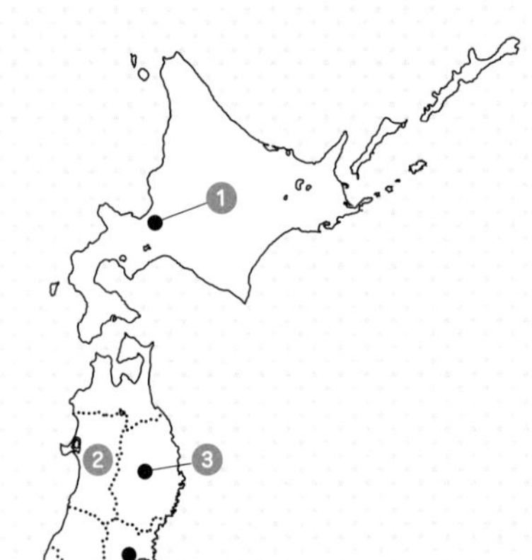

④ 宮城県の県庁所在地。
(　　　　　)市

⑤ ももの生産がさかん。
(　　　　　)県

盛岡	秋田
仙台	札幌
福島	

東北地方・北海道地方の道県庁所在地名をおさえよう！

さおりさんとまゆみさんはそれぞれどの道県について話していますか。会話を読んで、下から選んで書きましょう。

さおり　知床など美しくゆう大な自然を楽しめる場所がたくさんあるよ。
牛乳やチーズなどの乳製品や、さけなどが有名ね！

まゆみ　県庁所在地は、東北地方の中心都市になっているね。
太平洋に面していて、かきやわかめの養しょくがさかんだよ。
ささかまぼこが名産だね。

岩手県　北海道　福島県　宮城県

さおり　（　　　　　）
まゆみ　（　　　　　）

東北地方の中心都市になっているのは、仙台市だね。

次の道県の説明としてあてはまる文をそれぞれ選び、記号を書きましょう。

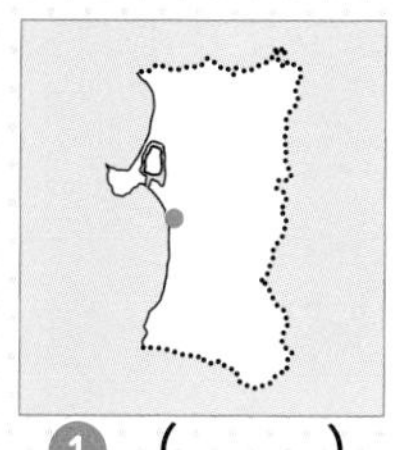
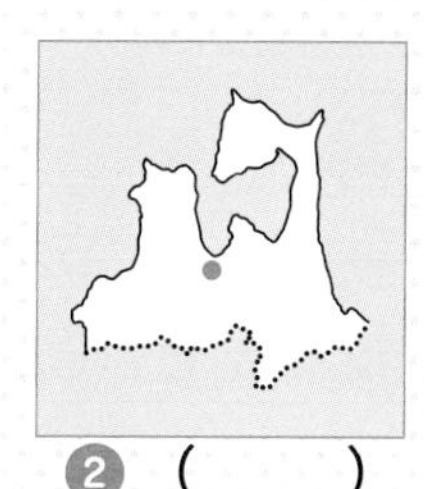
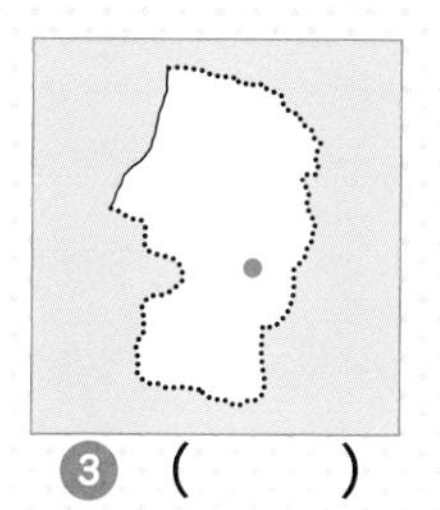
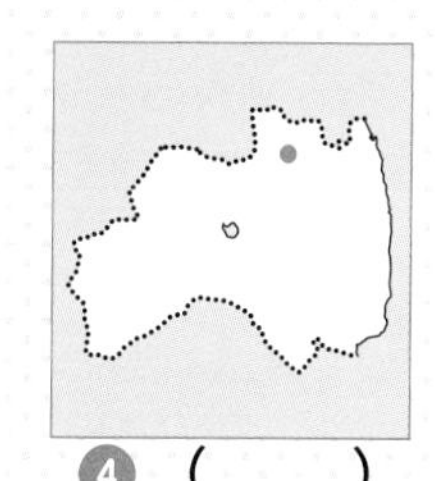

❶（　　）　❷（　　）　❸（　　）　❹（　　）

ア　東北地方で一番南にあり、ももが特産物です。
イ　県の北部に大きな半島があり、りんごが特産物です。
ウ　日本海側に面しており、さくらんぼが特産物です。
エ　日本海側に半島があり、きりたんぽが有名です。

きりたんぽは、米をつぶして竹にまき付けて焼いた食べ物だよ。

Social studies

答え 15 ページ

社会のお勉強 08

水はどこから

次の言葉をなぞりましょう。

水のじゅんかん

・わたしたちのふだんの生活において、[水]はなくてはならない大切なしげんだよ。農業や工業などでもたくさん使われているね。
・水はかぎられたしげんで、地上と空を[じゅんかん]しているよ。
・[森林]は、水をたくわえる働き(はたら)があるよ。

水をきれいにする

・川などから取り入れた水を、きれいでおいしい水にするためのしせつを、[じょう水場]というよ。
・使われた水は、下流の[下水しょ理場]できれいにしてから、川や海に流されるよ。

水について大事なことをまとめよう!

右の図を見て、次の文の(　)にあてはまる言葉を書きましょう。

❶ 水が蒸発(じょうはつ)して雲ができ、(　　　)や雪をふらせる。

↓

❷ (　　　　　)やダムにたくわえられる。

↓

❸ 水は、(　　　　　　)できれいにしたあと、家や学校に送られる。

↓

❹ 下水しょ理場から(　　　)・川へ流す。

図を見て、水がどのようにじゅんかんしているのかかくにんしよう。

Social studies

次の水道局で働く人の話を読んで、(　)にあてはまる言葉を、下から選んで書きましょう。

わたしたちは、みなさんに(❶　　　　　　)でおいしい水をとどけるために、毎日、水ににごりや細きんが入っていないか、(❷　　　　　　)を行っています。
ほかにも、(❸　　　　　　)がないかチェックしたり、定期的に(❹　　　　　　)を交かんしたりすることも大事な仕事です。

水質けんさ　水道管　安全　水もれ

安心して水を飲めるように、いろいろな調査が行われているよ。

次のカードを、水のじゅんかんの順番になるようにならべかえましょう。

ア　じょう水場で、川などから取り入れた水をきれいにする。

イ　海の水が蒸発して雲ができ、雨や雪がふり、森林やダムにたくわえられる。

ウ　下水しょ理場で、使った水をきれいにして海・川へ流す。

エ　じょう水場から、家や学校などにきれいになった水が送られる。

イ →(　　　)→(　　　)→(　　　)

手をあらうとき、水を出しっぱなしにしていないかな?かぎりある水を大切に使おう!

答え 15 ページ

ごみはどこへ

33 しゃかい

次の言葉をなぞりましょう。

ごみの分別 ※地いきによってことなります。

- ごみは、もえるごみともえないごみ、しげん物などに［ 分別 ］されるよ。分別することで、ごみのしょ理がしやすくなるんだ。
- ごみの種類によって、［ 収集 ］される曜日や方法がちがうよ。
- もえるごみは収集車で［ 清そう工場 ］に運ばれるんだ。

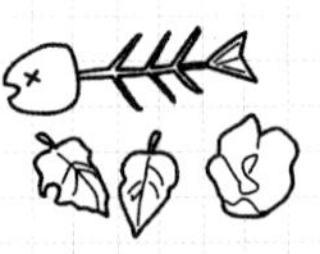

もえるごみ

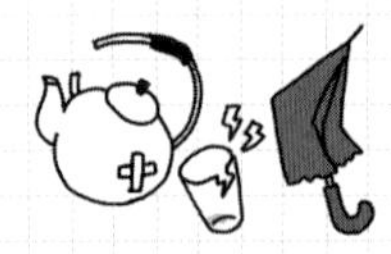

もえないごみ

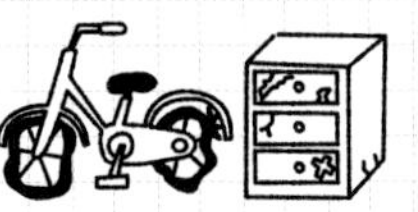

そ大ごみ

しげん物

ごみをへらすために

- しげん物は［ リサイクル ］され、新しい製品に生まれ変わるよ。

自分の住む地いきでは、どのようにごみを分別しているかな？

ごみのしょ理について、次の問題に答えましょう。

❶ ごみを種類ごとに分けて出すことを何といいますか。（　　　　　）

❷ 次のものをすてる場合、それぞれどのごみに分けますか。
あてはまる記号を書きましょう。

ア

イ

ウ

エ

もえるごみ（　　）　もえないごみ（　　）
しげん物（　　）　そ大ごみ（　　）

しげん物とは、リサイクルして再利用できるものを指すよ。

もえるごみのしょ理について、次の問題に答えましょう。

❶ 次の文を、清そう工場でもえるごみがしょ理される順番にならべ、記号を書きましょう。

ア ごみをもやします。

イ ごみピットにためたごみを、細かくくだきます。

ウ もやしたはいから、再利用できるものを取り出します。

エ 集めたごみを、プラットホームから投入します。

(　　　)→(　　　)→(　　　)→(　　　)

❷ もやした後に残るはいは、しょ分場に運ばれ、どのようにしょ理されますか。

(　　　　　　　　　　)

プラットホームから投入されたごみが、ごみピットにたまるよ。

次のカードの(　)にあてはまる言葉を、下からそれぞれ選んで書きましょう。

(❶　　　　　　)

アルミかんやスチールかんから新たにアルミ製品や鉄製品を作るよ。

(❷　　　　　　)

ごみそのものの量をへらす取り組みだよ。

(❸　　　　　　)

使えるものはすてずに何回も使う取り組みだよ。

リユース　　リサイクル　　リデュース

リデュース、リユース、リサイクルをまとめて3R（スリーアール）とよぶよ！

答え16ページ

自然災害

37 地震からくらしを守る

(　)にあてはまる言葉を、下から選んで書きましょう。

- 学校や地いきで、地震などの自然災害にそなえて(❶　　　　　)を行うよ。
- 県や市町村などでは、地震などの災害が起きたときにどのように対応するのかについて決めた(❷　　　　　)をつくっているよ。
- 災害が起きたときには、救助などについて(❸　　　　　)の協力をお願いすることもあるよ。
- 自分でも地震にそなえて何ができるのか考えることも大切だよ。(❹　　　　　)と連らく方法やひなん場所を話し合っておこう！

家族　防災訓練　防災計画　自衛隊

自然災害について大事なことをまとめよう！

38

あすかさんたちが地震にそなえて何ができるか、かくにんしています。4人の会話のうち、地震のそなえにあてはまらない内容を話している人を1人選んで、名前を書きましょう。

あすか：定期的に防災訓練を行うよ。

たくみ：ひなん場所をかくにんしておくよ。

けんた：信号が赤のときは横断歩道をわたらないよ。

しおり：水や食料などのほぞん食を家にたくわえておくよ。

(　　　　　)

地震のそなえとして何が必要かな？

災害にそなえた取り組みについて、次の問題に答えましょう。

❶ 災害にそなえて、家庭などでじゅんびしておいたほうがよいと思うものを、次からすべて選びましょう。

ア

イ

ウ

エ

オ

（　　　　　　）

❷ 災害で家族と連らくが取れなくなったときには、みんなが集まる□を決めておくことも大切です。□にあてはまる言葉を書きましょう。

（　　　　　　）

日持ちのするものやひなんに必要な道具など、防災グッズをじゅんびしておこう！

次の文を読み、正しいものには○を、まちがっているものには×を書きましょう。

❶（　　）ひなん訓練は学校で行っているので、地いきで行う必要はありません。

❷（　　）地震が起こったとき、海に近い地いきでは津波にそなえる必要があります。

❸（　　）災害が起きたときには、地いきの人たちの協力が欠かせません。

❹（　　）災害が起きたときには、ほかの県や国などに協力を求めますが、自衛隊に協力を求めることはありません。

❺（　　）災害が起きたときにきけんな地いきを地図に表し、ホームページなどで公表している市町村もあります。

地震などの災害には、国や都道府県だけでなく、さまざまな人が協力して対しょするよ。

社会のお勉強 11

地いきの伝統と発てん

次の言葉をなぞりましょう。

日本の主な年中行事　※地いきによってことなります。

1月	お正月
2月	[節分]
3月	ひなまつり
5月	端午の節句
7月	[七夕]
8月	お盆
11月	七五三
12月	クリスマス・大みそか

きょう土の発てん

[水]をかくほしたい！自然災害から村を守りたい！新しい水田を開きたい！といった人びとの願い。

↓

自分たちのくらす地いきの生活をよくするために、人びとが協力した。

くらしをよくするために、たくさんの人びとが[くふう]や[努力]をしてきたんだね。

一年の決まった時期に行われる行事を年中行事というよ！

次の年中行事が行われる主な月を答えましょう。

❶

(　　) 月

❷

(　　) 月

❸

(　　) 月

❹

(　　) 月

❺

(　　) 月

❻

(　　) 月

自分が住んでいる地いきの年中行事にはどんなものがあるかな？

Social studies

きょう土資料館で働く人の話を読んで、話の内容にあてはまるものを、下から選んで書きましょう。

わたしたちの住むまちは、昔は、近くに大きな川がなく、水が不足していました。そこで、村の人びとは協力して、遠くの川から用水路を引いたそうです。当時は、すべて手作業による工事なのでとても大変でした。用水路によって、水をかくほしやすくなり、農産物の生産量もふえました。

ア 村の近くに大きな川がある。
イ 機械を使って工事をした。
ウ 用水路をつくる前は水が不足していた。
エ 用水路をつくって農産物の生産量がへった。 (　　)

どうして昔の人は用水路をつくろうと思ったのかな？

特色あるまちづくりについて、さくらさんたちが会話をしています。(　)にあてはまる言葉を、下から選んで書きましょう。

さくら
おばあちゃんの住む姫路市は、(❶　　　　)に登録されている姫路城があるから、(❷　　　　)がたくさんおとずれるんだ。

もみじ
横浜市には、(❸　　　　)のさかんな港があるよ。たくさんの国の船が出入りしているんだ。

かえで
わたしたちの住む伊万里市は、(❹　　　　)的なぎじゅつをいかした焼き物の生産がさかんだよ。

世界遺産　ぼうえき　伝統　観光客

それぞれの地いきの特色をいかしたまちづくりが行われているね。

Social studies

47都道府県・都道府県庁所在地

45 しゃかい

日本地図を見て、47都道府県名と都道府県庁所在地名を覚えよう！

都道府県名と都道府県庁所在地名がちがうところ

都道府県	都道府県庁所在地	都道府県	都道府県庁所在地
北海道	札幌市	山梨県	甲府市
岩手県	盛岡市	愛知県	名古屋市
宮城県	仙台市	三重県	津市
茨城県	水戸市	滋賀県	大津市
栃木県	宇都宮市	兵庫県	神戸市
群馬県	前橋市	島根県	松江市
埼玉県	さいたま市	香川県	高松市
神奈川県	横浜市	愛媛県	松山市
石川県	金沢市	沖縄県	那覇市

※東京都の都庁所在地名を新宿区と表記することもあります。

それぞれの都道府県や都道府県庁所在地の位置をかくにんしよう。

なぞり書きの問題については、
答えを省略(しょうりゃく)している場合があります。

英語の答え

01 アルファベット ▶p.22-23

2 J－j, E－e, A－a, G－g, P－p
3 ①オ ②ア ③ク ④キ
⑤カ ⑥イ ⑦エ ⑧ウ

考え方 1 少し太くなっている文字を強く読みましょう。
2 e は E の小文字、a は A の小文字です。大文字と小文字で形がちがうので、しっかり覚えましょう。
3 b と d、p と q はまちがえやすいので注意しましょう。

02 アルファベット① a～h ▶p.24-25

7
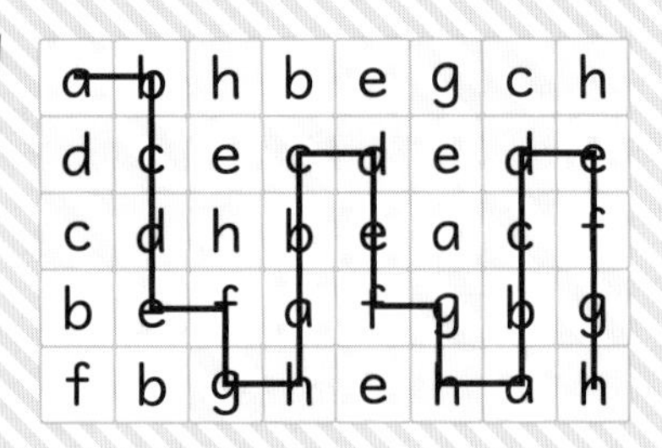

考え方 7 abcdefgh の順に、たて・横に進みます。b と d の形がにているので、a から b へ、c から d へ進むときは、まちがえないようにしましょう。

03 アルファベット② i～p ▶p.26-27

11 ① book ② milk ③ panda

考え方 11 ① b と k は上 3 本の線を使って、o は 2 本目と 3 本目の線の間に書きます。
② m は 2 本目と 3 本目の線の間に、i, l, k は上 3 本の線を使って書きます。
③ p は下 3 本の線、d は上 3 本の線を使い、ほかは 2 本目と 3 本目の線の間に書きます。

05 身のまわりの単語① 動物 ▶p.30

17 ① d ② i ③ e ④ r

考え方 17 ①「パンダ」は panda です。②「トラ」は tiger で、[タイガァ]と発音します。③「ヒツジ」は sheep です。下線部の通り e が 2 つ続きます。④「ウマ」は horse です。下線部の r は書きわすれやすいので、気をつけましょう。

06 身のまわりの単語② 数 ▶p.31

19 ① ♥♥♥♡♡♡♡♡♡♡♡
② ♥♥♥♥♥♡♡♡♡♡♡
③ ♥♥♥♥♥♥♥♥♡♡♡
④ ♥♥♥♥♥♥♥♥♥♥♥

考え方 19 ① three「3」は、one「1」、two「2」とともに、よく使うので覚えましょう。
② five「5」と、同じ f がつく four「4」をまちがえないようにしましょう。
③ eight「8」は、g と h を読まない特別な読み方をするので、覚えましょう。
④ eleven「11」は、数が多いので、しっかり数えてぬりましょう。

07 身のまわりの単語③ 色 ▶p.32

21 ① red ② white ③ blue

考え方 21 ① 3 文字なのは red「赤」です。
② white「白」は順番に注意しましょう。
③ blue「青」は e で終わるので、わすれないようにしましょう。

アルファベットが正しく書けているか、かくにんしましょう。

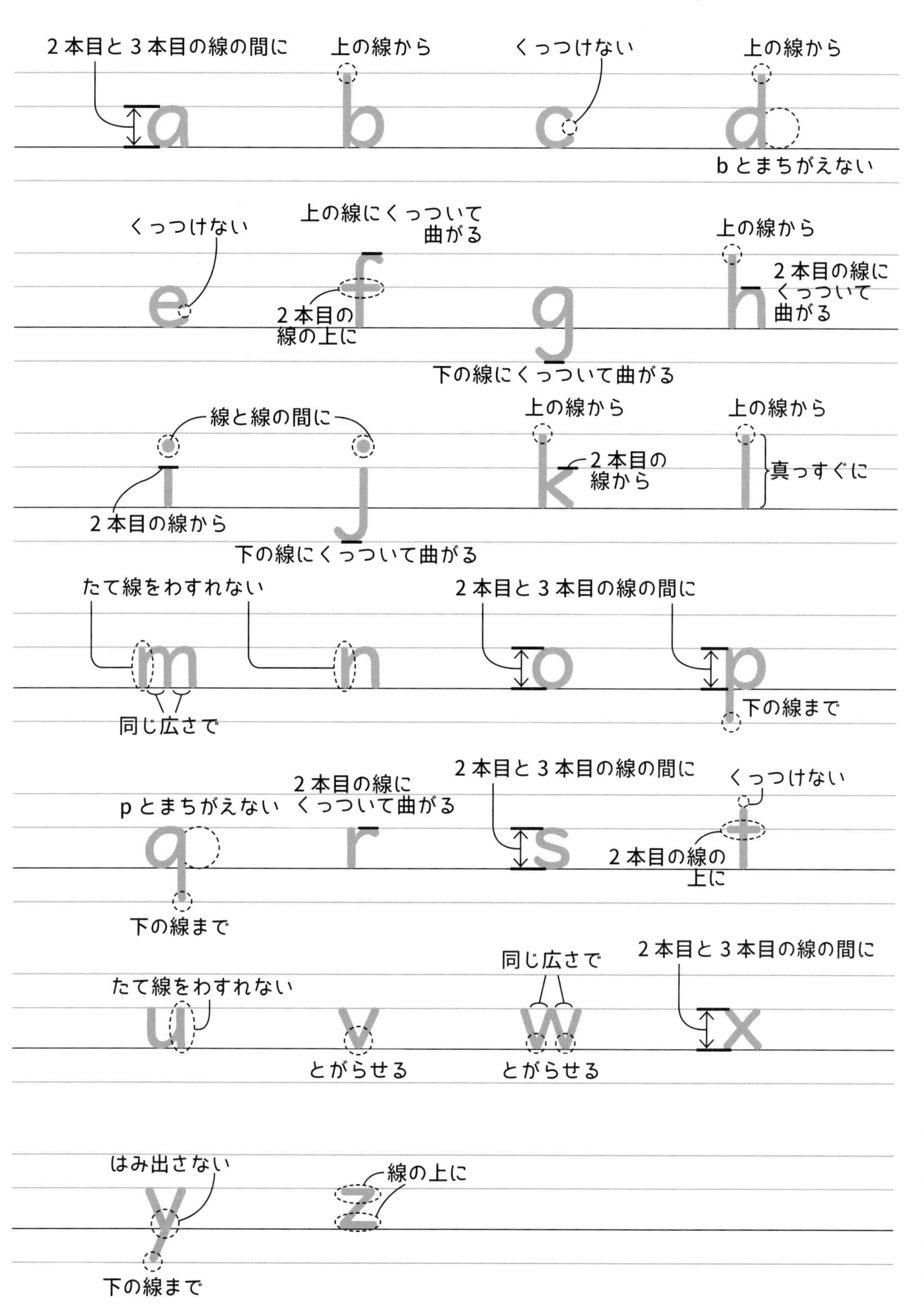

国語の答え

01 漢字の部首
▶p.34-35

1 ①くさかんむり　②火　③しんにょう
④さんずい　⑤水

2 箱ー③ー㋓　息ー①ー㋒
倍ー④ー㋐　開ー②ー㋑

3 ①雲、雪　②待、役　③国、園
④都、部　⑤守、安

4 ①根　②組　③飠
④談　⑤辶　⑥送

考え方

1 部首は漢字を分類するもとになる共通の部分のことです。

2 部首にはそれぞれ意味があり、「⺮」は竹や竹の物、「心」は心に関すること、「亻」は人、「門」は入り口やかこいという意味です。

3 それぞれの部首は①「⻗」、②「彳」、③「囗」④「阝」、⑤「宀」です。④はこざとへんと区別しましょう。

4 表の中の部首は、⑤の「辶」以外すべて「へん」です。

02 漢字辞典の使い方
▶p.36-37

5 ①㋓　②㋔　③㋑　④㋒　⑤㋐

6 ①ー㋒　②ー㋐　③ー㋑

7 (○をつけるほう)①音訓、10
②部首、3　③音訓、コ　④総画、7

8 ①シャク(しゃく)　②か
③2　④10

考え方

5 読み・部首(の画数)・総画数のどれかを手がかりに、漢字を調べましょう。

6 ②③はともに画数のことを話していますが、総画数なのか、部首の画数なのかに着目して、選びましょう。

7 ②の「運」は「辶」の画数をまちがえやすいので注意しましょう。

8 3つのさくいんを区別して使いましょう。

03 漢字の読み書き①
▶p.38-39

9 ①くわ　②さんぽ　③くべつ　④へんか
⑤つめ　⑥けっか　⑦はじ　⑧がっしょう
⑨お　⑩ねが　⑪さ　⑫つ

10 ①㋑　②㋒　③㋐　④㋒

11 ①㋒　②㋑　③㋐　④㋑

12 ①初夏　②付近　③差　④変
⑤散　⑥加工

考え方

9 ⑦「初」は音読みで「ショ」、訓読みは「はじ(め)、はじ(めて)、はつ」といくつも読み方があります。

10 ①㋐は「選び」、㋒は「運び」なので、どちらもちがいます。

11 ③「冷」は、「つめ(たい)」という訓読みのほかに「ひ(やす)、ひ(える)、さ(める)」などの読み方があります。送りがなによって読み分けましょう。

12 ③「水をさす」のときは「指す」ではなく「差す」と書くので注意しましょう。

04 短歌・俳句
▶p.40-41

13 ①㋑　②㋐　③㋒

14 (○をつけるほう)①柿　②つらら
③すみれ草　④コスモス

15 ①㋐　②㋓　③㋒　④㋑

16 ①秋　②春　③夏

考え方

13 5音、7音よりも音(字)が多かったり少なかったりする場合もあります。

14 それぞれが表している季節は、①「柿」は秋、②「つらら」は冬、③「すみれ草」は春、④「コスモス」は秋です。

15 短歌と意味の文を照らし合わせて、(　)にあてはまる言葉を選びましょう。

16 ①「名月」は秋、②「梅」は春、③「わかば」は夏の季節を表します。

05 漢字の組み合わせ ▶p.42-43

17 ①林　②反対　③高い　④習う
18 ①親友　②左右　③消火　④寒冷
⑤登山
19 ①会を開く　②強い風　③深い海
④馬に乗る　⑤前に進む
20 ①㋑ー着席　②㋒ー明暗
③㋓ー青空　④㋐ー算数

考え方 17 訓読みのある漢字は、訓で読むと熟語の意味が分かりやすくなります。
18 ①は前の漢字が後の漢字を修飾する熟語、②は反対の意味の漢字の組み合わせ、③⑤は後の漢字が「～を(に)」に当たる熟語、④はにた意味の漢字の組み合わせです。
19 ①④は後の漢字が「～を(に)」に当たる熟語、②③⑤は前の漢字が後の漢字を修飾する熟語です。
20 ①は「お金を集める」「席に着く」、③は「朝の食事」「青い空」という意味です。

06 漢字の読み書き② ▶p.44-45

21 ①まい　②さいてい　③かんけい
④でんき　⑤つ　⑥と　⑦ほうたい
⑧あ　⑨いんさつ　⑩はたら
⑪しゃりん　⑫み
22 ①㋑　②㋒　③㋐　④㋒
23 ①㋑　②㋑　③㋐　④㋒
24 ①参加　②飛行　③満足　④伝
⑤印

考え方 21 ⑤は「つ(もる)」、⑥は「と(ばす)」、⑧は「あ(びせる)」という訓読みもあります。
22 ②ににた言葉に「森林浴」があります。森の空気を浴びることです。
23 ②「帯びる」は、「～のような感じになる」という意味です。
24 ②「飛」の真ん中のたてぼうは、4画目に書きます。

07 同音異字・同訓異字 ▶p.46-47

25 ①音　②以　③意　④訓
⑤上　⑥登
26 ①㋐、㋑　②㋐、㋑　③㋑、㋐
27 ①㋐、㋒、㋑　②㋒、㋐、㋑
28 ①㋐両親　㋑良心
②㋐着く　㋑付く

考え方 25 同音異字と同訓異字は、文全体の意味からどの漢字を用いるかを考えましょう。
26 ③はほかにも、「器械」という同じ読みの熟語があります。「器械体そう」などと用います。
27 ①はほかにも、「ピッチャーを代える」などと用いる、「代える」もあります。
28 言葉の意味から正しい漢字を考えましょう。

08 文の組み立て ▶p.48-49

29 ①㋑　②㋒　③㋐
30 ①(主語)ケーキは　(述語)有名だよ
②(主語)レッスンが　(述語)始まるね
③(主語)みきちゃんも　(述語)遊べるよ
④(主語)わたしも　(述語)行きたいな
31 ①〇　②〇　③×　④×　⑤〇
32 ①㋐　②㋒　③㋒

考え方 29 修飾語は、それより後ろの言葉に係ることが多く、文の中にいくつかある場合もあります。
30 ③④は、「も」のついている部分が主語になります。
31 ③は主語と述語の関係、④の「わあ」は独立した言葉なので、修飾語ではありません。
32 ①「昨日の」「夜」、「昨日の」「たくさん」、「昨日の」「ふった」というふうに、続けて読んだときに意味が通るのは、「昨日の夜」です。

09 漢字の読み書き③ ▶p.50-51

33 ①か ②きゅうよう ③かいりょう
④むり ⑤つと ⑥ざんきん ⑦いわ
⑧しゅるい ⑨しお ⑩あおな
⑪まご ⑫しょうしつ

34 ①イ ②ア ③ウ ④イ

35 ①ウ ②ア ③ウ ④ア

36 ①野菜 ②種 ③努力 ④良
⑤飯 ⑥出欠

考え方 33 ⑤「努(つと)める」は「努力(どりょく)する」という意味の言葉です。

34 ④「無」の音読みは「ム」と「ブ」です。「無実(むじつ)」「無事(ぶじ)」などと使います。

35 ①～④の漢字は、訓(くん)読みのときに送りがなをまちがえやすいので注意しましょう。

36 ⑥「出欠(しゅっけつ)」は、「出席(しゅっせき)」と「欠席」という意味です。

10 つなぎ言葉 ▶p.52-53

37 ①理由 ②反対 ③同じ
④言いかえる

38 (○をつけるほう)①だから ②でも
③なぜなら ④しかも ⑤ところで

39 ①エ ②イ ③オ ④ウ ⑤ア

40 ①そして／日がくれて、気温が下がる。(日がくれ、気温が下がる。日がくれ、そして気温が下がる。)
②けれど／早起きをしたけれど、バスに乗りおくれた。(早起きをしたが、バスに乗りおくれた。早起きをしたのに、バスに乗りおくれた。)
③だから／のどがかわいたから、ジュースが飲みたい。(のどがかわいたので、ジュースが飲みたい。)
④そのうえ／この番組はおもしろいうえに、ためになる。(この番組はおもしろいし、ためになる。)

考え方 37 つなぎ言葉は文と文をつなぐ言葉です。前の文と後ろの文の関係(かんけい)を読み取って、つなぎ言葉を選(えら)ぶようにしましょう。

38 ①は、前の文が後ろの文の理由となっています。
②は、前の文が「暑い」、後ろの文が「すずしい」と反対の内容(ないよう)になっています。
③の「なぜなら」は、文の終わりが「～から」になるという決まりがあります。

39 ⑤のように、2つのものをくらべたり、どちらかを選んだりするときには、「それとも」や「または」を使います。

40 文をつなげたとき、つなぎ言葉の形が変(か)わることがあります。つながりが不自然(ふしぜん)にならないように考えて書きましょう。

11 漢字の読み書き④ ▶p.54-55

41 ①おさ ②じんぼう ③ひつよう
④ねつい ⑤まわ ⑥せんそう
⑦す ⑧かいてい ⑨かた ⑩こころ
⑪はた ⑫せんきょ

42 ①ア ②イ ③ウ ④ア

43 ①ア ②イ ③イ ④ウ

44 ①旗手 ②必 ③挙 ④選
⑤熱 ⑥戦

考え方 41 ⑤「周(まわ)り」は「ぐるりとかこんだ近くの部分」、「回り」は「回転すること」という意味です。使い分けましょう。

42 ②「要」を「かなめ」と訓読みするときは、送りがなはいらないことに注意しましょう。

43 ③「かた」と読む漢字は「方、形、型」などいろいろありますが、送りがなをつけて「かためる」と読むのは「固」です。

44 ③自分から何かしようと伝(つた)えるときの「手をあげる」には、「挙(あ)げる」を用います。「手をあげる」動きを表すときは「上げる」を用います。

算数の答え

01 折れ線グラフ ▶p.58

❷ ①5、6　②7、8　③4、5

考え方 ❶ 折れ線グラフの横は時こく、たては池の水の温度を表しています。

❷ ③かたむきがいちばん急になっているところが、変わり方がいちばん大きいです。

02 角とその大きさ ▶p.59

❸ ①1　②㋐70　㋑90

❹ ①㋐45　㋑45　㋒90

㋓30　㋔60　㋕90

②[50]°、[180]°+[50]°=[230]°

考え方 ❸ ②分度器の内側にかかれている数をよみましょう。

❹ ①三角じょうぎには、90°と45°と45°の角をもつものと、90°と30°と60°の角をもつものがあります。

03 1けたでわるわり算の筆算 ▶p.60-61

❻

①
```
    17
 4)68
   4
   28
   28
    0
```

②
```
    31
 2)62
   6
    2
    2
    0
```

③
```
    14
 5)73
   5
   23
   20
    3
```

❼

①
```
    157
 2)314
   2
   11
   10
    14
    14
     0
```

②
```
    109
 4)436
   4
    3
    0
    36
    36
     0
```

③
```
    118
 8)949
   8
   14
    8
    69
    64
     5
```

❽ ①312

②
```
     62
 5)312
   30
    12
    10
     2
```

③5、62、2　④62、2

考え方 ❺ わり算の筆算のしかたを覚えましょう。

❻ 計算まちがいに気をつけましょう。

❼ 3けたの数をわる場合も2けたのときと同じように計算します。②のように、商の十の位が0になることもあります。

❽ ③答えのたしかめの式は、

[わる数]×[商]+[あまり]=[わられる数]

です。

04 大きい数 ▶p.62-63

❾ ①一億(1億)　②一兆(1兆)　③10000

④10、下がり

❿ ①㋐806000000　㋑3005000000000

㋒5800000000　㋓3700000000000

②㋐9900億　㋑1兆600億

11 ① 9876543210、1023456789

②㋐ 3 億、300 万

㋑ 700 億、7 億

㋒ 90 兆、9000 億

12 ①

```
   328
  ×574
  1312
 2296
1640
188272
```

②

```
   145
  ×736
   870
  435
1015
106720
```

③

```
  436
 ×208
 3488
 000
872
90688
```

考え方 **9** ③一億の 1000 倍が千億、千億の 10 倍が一兆だから、一兆は一億の 10000 倍です。

10 ② 1 目もりは 100 億です。

11 ①いちばん大きい数をつくるには、大きい位にできるだけ大きい数字を使います。また、いちばん小さい数をつくるには、大きい位にできるだけ小さい数字を使います。

12 ③右のように、436×0 はしょうりゃくして計算してもよいです。

```
  436
 ×208
 3488
872
90688
```

05 垂直・平行と四角形 ▶ p.64-65

13 ①垂直 ②平行

14 (垂直)(お) (平行)(い)

15 ①平行四辺形 ②台形 ③ひし形

16 ① 3 ② 4 ③ 115 ④ 65

⑤ 3 ⑥ 3 ⑦ 120 ⑧ 60

考え方 **13** ②平行な直線はどこまでのばしても交わりません。

14 2 つの三角じょうぎを使って調べましょう。

15 特別な四角形の名前を覚えましょう。

16 ①～④平行四辺形の向かいあう辺の長さは等しく、向かいあう角の大きさも等しくなります。

⑤～⑧ひし形の 4 つの辺の長さはすべて等しく、向かいあう角の大きさは等しくなります。

06 小数 ▶ p.66-67

17 ①㋐ 10 ㋑ 1000 ㋒ $\frac{1}{100}$ ㋓ $\frac{1}{1000}$

② 2、6、7、1

18 ① 300、40、9、6349 ② 3.25

19 ① 3.6、36、0.036、0.0036

②小さい、<

20 ① 9.56 ② 8.16 ③ 5

④ 5.21 ⑤ 3.49 ⑥ 1.71

考え方 **17** ②2.671 の 2 は一の位、6 は $\frac{1}{10}$ の位、7 は $\frac{1}{100}$ の位、1 は $\frac{1}{1000}$ の位です。

18 ②1000g＝1kg だから、100g＝0.1kg、10g＝0.01kg です。

19 ②大きい位から順にくらべます。

20 位をそろえて計算します。

②7.2 は 7.20 と考えましょう。

07 式と計算の順じょ ▶ p.68-69

21 ①㋐左 ㋑さき ㋒さき ②(え)

22 ① 21 ② 15 ③ 1

④ 9 ⑤ 30 ⑥ 12

23 ① 100、123 ② 25、4、100、600

③ 100、1、4700、47、4747

24 ①(う) ②(あ) ③(い)

考え方 **21** ②(あ)の答えは 10、(い)の答えは 6、(う)の答えは 4 になります。

22 ( )があるときは( )の中をさきに計算します。また、×、÷は＋、－よりもさきに計算します。

㉓ 計算のきまりを使って計算しましょう。

㉔ 数え方によって、式が変わります。

08 2けたでわるわり算の筆算 ▶p.70-71

㉕ 2、1

㉖ ①
```
      3
24)72
   72
    0
```
②
```
      4
12)49
   48
    1
```
③
```
      1
45)82
   45
   37
```

㉗ ①
```
       23
28)644
   56
    84
    84
     0
```
②
```
       28
19)539
   38
   159
   152
     7
```
③
```
        329
26)8563
   78
    76
    52
    243
    234
      9
```

㉘ ①㋐ 100　㋑ 3　②Ⓘ、Ⓔ

考え方 ㉕ 2けたでわるわり算の筆算のしかたを覚えましょう。

㉖ ③ 82を80、45を40とみて、80÷40から商の見当をつけると、2になります。商に2をたてると、82より大きくなるから、2を1小さくした数を商にたてます。

㉗ どの位から商がたつかを考えます。

㉘ わり算は、わられる数とわる数に同じ数をかけても、同じ数でわっても商は同じになります。

09 がい数 ▶p.72

㉙ ①(順に) 十、上げ、300、300

②以上、未満、以下

㉚ ① 173000、170000、170000

②㋐ 250、349　㋑ 250、350

考え方 ㉙ ②「以上」、「未満」、「以下」の、ことばの意味を覚えましょう。

㉚ ①千の位までのがい数にするときは、百の位の数を四捨五入します。

10 面積 ▶p.73

㉛ ①横　②1辺

③㋐ 8、24、24　㋑ 5、25、25

㉜ ① 8、4　② 10000　③ 1000000

④ 100　⑤ 10000

考え方 ㉛ 長方形や正方形の面積の公式を覚えましょう。

㉜ ①の面積は、8×10－4×4＝80－16＝64だから、64m² になります。

11 小数×整数、小数÷整数 ▶p.74-75

㉝ ①㋐ 1.2　㋑ 10　㋒ 10

②㋐ 0.45　㋑ 100　㋒ 100

㉞ ①
```
   4.2
×   3
  12.6
```
②
```
    6.7
×   49
   603
  268
  328.3
```
③
```
   0.46
×    35
    230
   138
   16.10
```
（16.10の末尾の0は斜線で消されている）

㉟ ①㋐ 0.2　㋑ 10　㋒ 10

②㋐ 0.06　㋑ 100　㋒ 100

36 ① 5)18.5 = 3.7

```
      3.7
  5)18.5
    15
     35
     35
      0
```

② 4)57.9 = 14 あまり 1.9

```
     14
  4)57.9
    4
    17
    16
     1.9
```

③ 6)2.25 = 0.375

```
     0.375
  6)2.25
    18
     45
     42
      30
      30
       0
```

考え方 **33** ②かけられる数を 100 倍して計算し、積を 100 でわると答えがわかります。

34 小数点の位置に注意して、整数のかけ算と同じように計算しましょう。

35 ②わられる数を 100 倍して計算し、商を 100 でわると答えがわかります。

36 ③一の位に商がたたないから、「0.」とかいてから筆算をします。わり切れるまで計算するときは、わられる数に 0 をつけたして計算を続けましょう。

12 整理のしかた ▶ p.76

37

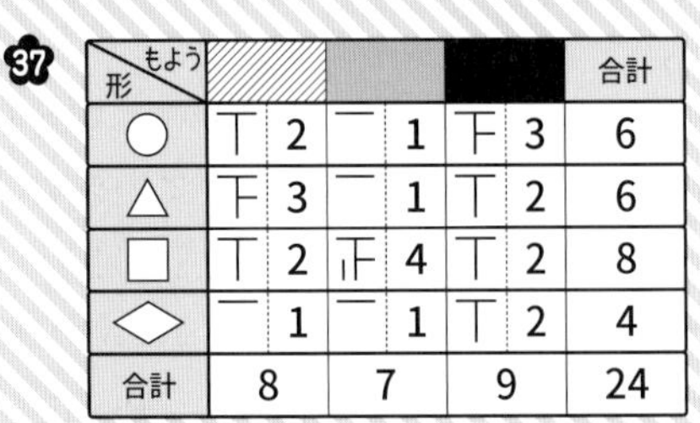

形＼もよう	（斜線）	（灰色）	（黒）	合計
○	丅 2	一 1	下 3	6
△	下 3	一 1	丅 2	6
□	丅 2	止 4	丅 2	8
◇	一 1	一 1	丅 2	4
合計	8	7	9	24

38 ① 24 ② 4 ③□
④ 8 ⑤■ ⑥ 2

考え方 **37** 正の字を使っていねいに数えましょう。

38 ③□の形は全部で 8 こ、○の形は全部で 6 こです。

13 分数 ▶ p.77

39 ①（真分数）あ、え （仮分数）い、う

②ア $2\frac{1}{5}$ イ $\frac{17}{6}$

40 ① $\frac{20}{9}\left(2\frac{2}{9}\right)$ ② $\frac{5}{6}$

③ $\frac{11}{7}$、$2\left(\frac{14}{7}\right)$ ④ $\frac{9}{7}$、$\frac{3}{7}$

考え方 **39** ① 1 に等しい分数は仮分数です。

40 分母が同じ分数のたし算やひき算では、分母はそのままで、分子だけを計算します。帯分数のある計算は、仮分数になおせば計算できます。

14 変わり方 ▶ p.78

41 ① 1 辺の長さ、まわりの長さ
② ○×4＝△

42 ①（左から順に） 6、8、10
② 2×○＝△

考え方 **41** ② 1 辺の長さ ×4＝ まわりの長さ だから、○×4＝△になります。

42 ①正方形の数が 3 このとき、長方形の横の長さは 2cm の 3 こ分になります。

15 直方体と立方体 ▶ p.79

43 ①え、お ② EF（FE） ③ EA（AE）

44 ① H ② G ③ HG ④ C、K

考え方 **43** 直方体の箱とえん筆と下じきを使って、面と面、辺と辺、面と辺の関係を、調べてみましょう。

44 立方体のてん開図を組み立てると、下のようになります。

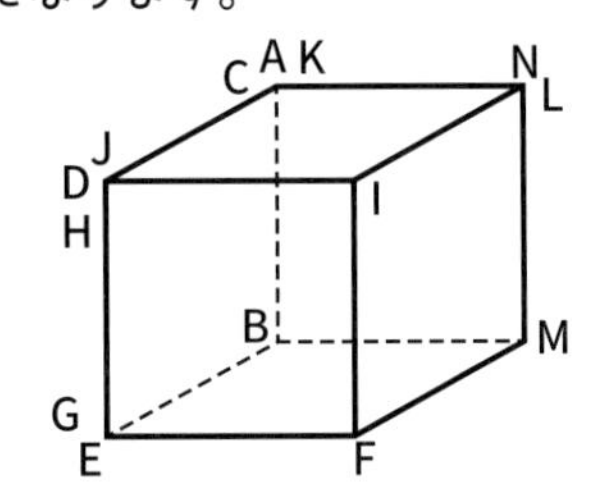

理科の答え

01 季節と生き物 ▶p.82-83

❶ 成長、活発に、たね、芽、にぶく
❷ ㋐春　㋑冬　㋒秋
❸ 10月ごろ
❹

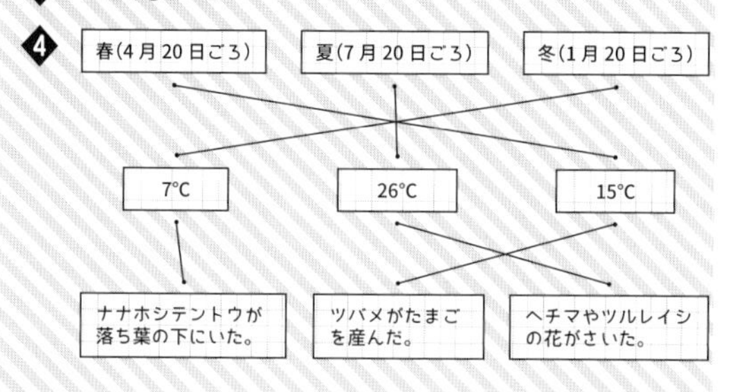

考え方 ❶ あたたかくなると、生き物の活動は活発になり、寒くなると、生き物の活動はにぶくなります。

❷ 秋にオオカマキリの成虫が産んだたまごは、たまごのすがたで冬をこし、春になると、たまごからたくさんのよう虫が出てきます。

❸ ヘチマの実が茶色くなるのは、秋です。実の中には、たくさんのたねができています。

❹ 夏は気温が高く、冬は気温が低いです。ナナホシテントウの成虫は、落ち葉の下などで冬をこします。

02 雨水と地面のようす ▶p.84

❻ しみこむ、低い

考え方 ❺ 集まった雨水は、高いところから低いところへと流れます。水の地面へのしみこみやすさは、土のつぶの大きさによってちがいます。

❻ 地面にふった雨水は、地面(土)にしみこみます。花だんと校庭では、水のしみこみやすさがちがうと考えられます。

03 天気と1日の気温 ▶p.85

❼ 日かげ、大きい、小さい
❽ ①㋑　②㋑　③午後2時

考え方 ❼ 気温は、温度計にちょくせつ日光が当たらないようにしてはかります。晴れた日と、くもりの日や雨の日では、気温の変化のしかたがちがいます。

❽ くもりの日や雨の日は、雲で日光がさえぎられるため、気温はあまり変化しません。晴れの日のほうが、くもりの日や雨の日よりも気温の変化は大きく、午後2時ごろの気温がいちばん高くなります。これらのことから、㋑が5月15日のグラフ、㋐が5月18日のグラフということがわかります。

04 ヒトの体のつくりと運動 ▶p.86

❿ ①㋐ほね　㋑関節
②(次のものを○でかこむ)
うでをのばすとゆるむ。
うでを曲げるとちぢむ。

考え方 ❾ かたくてじょうぶなほねは、ヒトの体にたくさんあり、体をささえています。ほねとほねのつなぎ目のことを関節といいます。ヒトの体は、ほねときん肉のはたらきによって関節を曲げることで、動くことができます。

❿ きん肉はちぢんだりゆるんだりします。うでを曲げたときちぢむのは、内側のきん肉で、外側のきん肉はゆるみます。逆に、うでをのばすときには、内側のきん肉はゆるみ、外側のきん肉はちぢみます。

05 空気や水のせいしつ ▶p.87

⓫ 小さく、大きく
できない、変わらない
⓬ じゅり、まみ

考え方 ⓫ とじこめた空気はおしちぢめることができます。おしちぢめられた空気は、もとの体積にもどろうとします。とじこめた水はおしちぢめることができません。そのため、おしても水の体積は変わりません。

⓬ とじこめた水はおしちぢめることができないので、ピストンをおしても動きません。このことから、水が入ったピストンをおしているのはらんさんであることがわかります。また、ピストンをおすと体積が小さくなること、それがもとの体積にもどろうとすることから、空気が入ったピストンをおしているのがじゅりさんとまみさんであることがわかります。

06 月や星 ▶p.88-89

⓮ ①㋓　②㋑　③㋑
⓯ 大三角、星座、1等星、赤色
⓰ ①動く　②変わらない
③変わらない

考え方 ⓭ 月は、新月→三日月→半月(右)→満月→半月(左)→新月→…と形が変わります。

⓮ 月は、太陽と同じように、東のほうから出て、時こくとともに、南の空を通って西のほうへ動きます。

⓯ はくちょう座のデネブ、こと座のベガ、わし座のアルタイルは1等星で、この3つの明るい星をつないでできる三角形を夏の大三角といいます。デネブ、ベガ、アルタイルは白っぽい星、さそり座のアンタレス、オリオン座のベテルギウスは赤色の星、オリオン座のリゲルは青白い星です。このように、星によって明るさや色にちがいがあります。

⓰ 星は時間がたつと見える位置が変わりますが、星のならび方や星座の形は変わりません。

07 電流のはたらき ▶p.90-91

⓲ ①㋐、㋒　②左　③Ⓘ
⓳ ㋐れん、しょう　㋑ときや
㋒しょう
⓴ まり：㋒　みお：㋐　くるみ：㋓

考え方 ⓱ かん電池をつなぐ向きを逆にすると、電流の向きが逆になり、モーターの回る向きも逆になります。また、回路を流れる電流が大きくなると、モーターの回る速さも速くなります。

⓲ けん流計は、はりのふれる向きで電流の向きを、はりのふれぐあいで電流の大きさを調べることができます。かん電池の向きを逆にすると電流の向きも逆になるので、けん流計のはりがふれる向きも逆になります。

⓳ 電気用図記号の表を見ながら、あてはまる回路を選びます。豆電球の記号があるのはれんさんとしょうさん、モーターの記号があるのはときやさんの回路です。また、しょうさんの回路は、かん電池2こをへい列つなぎにしている回路であることもわかります。

⓴ かん電池2このへい列つなぎでは、かん電池1このときと電流の大きさは変わらず、モーターの回る速さも変わりません。また、かん電池の数やつなぎ方にかかわらず、㋓の回路だけはかん電池の向きが逆で、電流の向きが逆になっているので、モーターの回る向きもほかの回路とは逆になります。

08 ものの温度と体積 ▶p.92

㉑ 大きく、小さく、大きく、小さく、
小さい、大きく、小さく、小さい

㉒ ①㋑　②㋐　③㋒　④㋓

考え方 ㉑ 空気、水、金ぞくはすべて、あたためると体積は大きくなり、冷やすと体積は小さくなります。空気、水、金ぞくのうち、温度の変化による体積の変化は、空気がもっとも大きく、金ぞくがもっとも小さいです。

㉒ 空気、水、金ぞくのどれも、温度が高くなると体積が大きくなり、温度が低くなると体積が小さくなる、というのは同じです。このことから、あてはまるカードを選びます。

09 もののあたたまり方 ▶p.93

㉓ 順、上

㉔ ㋑

考え方 ㉓ 金ぞくは、熱した部分から順に熱がつたわって全体があたたまります。また、空気や水は、あたためられた部分が上に動くことで全体があたたまります。

㉔ ボウルは金ぞくでできているので、湯から熱がつたわって、ボウルに入れたチョコレートがとけます。また、湯につけたボウルの底のほうから順に熱がつたわって、ふちのあたりもあたたかくなったと考えられます。ミトン(なべつかみ)は熱がつたわりにくいものでできているので、手がすぐ熱くなるのをさけることができます。

10 水のすがた ▶p.94-95

㉕ ①㋑　②㋐

㉖ (次のようにつなぐ)
①水がこおる温度 ── 0℃
　水がふっとうする温度 ── 100℃
②氷 ── 固体
　水じょう気 ── 気体

㉗ 水→水じょう気：ゆり
水→氷：まみ
水じょう気→水：めい
氷→水：ゆうか

考え方 ㉕ 水は温度によって、水じょう気(気体)や氷(固体)にすがたを変えます。水が水じょう気や氷になると、体積は大きくなります。

㉖ 水はおよそ100℃になると、ふっとうします。このとき、水の中から出てくるあわは、水じょう気です。空気中の水じょう気は目に見えません。空気中で冷やされて、目に見える小さな水のつぶになったものが湯気です。

㉗ 水は0℃になるとこおります。また、およそ100℃になるとふっとうします。氷や鉄のように、かたまりになっていて自由に形を変えられないすがたのことを固体、水のように、入れるよう器に合わせて自由に形を変えられるすがたのことをえき体、水じょう気や空気のようなすがたのことを気体といいます。

㉘ しめったせんたく物をほしておくとかわくのは、水(えき体)がじょう発して水じょう気(気体)になったからです。冷ぞう庫から出したかんジュースのかんに水てきがつくのは、空気中の水じょう気が冷やされて水になったからです。

社会の答え

01 47都道府県 ▶p.98-99

2 ①43 ②九州 ③北海道 ④中国・四国 ⑤関東 ⑥近畿

4 ①青 ②馬、熊 ③手、口 ④愛

考え方

1 日本には47の都道府県があります。

2 ③北海道地方は、北海道のみで構成されています。⑥海に面していないのは、栃木県、群馬県、埼玉県、山梨県、長野県、岐阜県、滋賀県、奈良県の8県です。

3 都道府県名と都道府県庁所在地名がちがうところに気をつけて、覚えていきましょう。

4 ①青森県は東北地方にあります。②このほかに、鳥取県には「鳥」、鹿児島県には「鹿」が入っています。④福島県と広島県、島根県、徳島県、鹿児島県には同じ「島」が入っています。このように共通点をおさえると、覚えやすくなります。

02 九州地方 ▶p.100-101

6 ①佐賀 ②長崎 ③鹿児島 ④福岡 ⑤大分

7 ①−ウ ②−ア ③−イ

8 ①鹿児島 ②沖縄 ③福岡

考え方

5 九州地方は、日本で一番南にある地方で、気候はあたたかいです。

6 ②長崎県は、日本一島の数が多い県で、971島(2022年)あります。

7 ①は長崎県、②は宮崎県、③は鹿児島県をしめしています。

8 ①鹿児島県はぶたの飼育がさかんです。②沖縄県はあたたかい気候をいかして観光業がさかんです。③福岡県は中国・四国地方ととなりあっています。

03 中国・四国地方 ▶p.102-103

10 ①松江 ②広島 ③岡山 ④松山 ⑤徳島

11 ①× ②× ③○ ④○ ⑤○ ⑥×

12 ①なし ②広島県 ③みかん ④高知県

考え方

9 中国・四国地方は、さらに鳥取県、島根県、岡山県、広島県、山口県の中国地方と、徳島県、香川県、愛媛県、高知県の四国地方に分かれます。

10 ①④中国・四国地方で県名と県庁所在地名がちがうのは、島根県(松江市)、愛媛県(松山市)、香川県(高松市)です。

11 ①中国地方には5つの県があります。②日本海に面しています。⑥香川県は、瀬戸内海をはさんで岡山県と向かいあっています。

12 ①ぶどうの生産は山梨県、③りんごの生産は青森県などでさかんです。

04 近畿地方 ▶p.104-105

14 ①大津 ②津 ③大阪 ④和歌山 ⑤兵庫

15 ①7つ ②兵庫県 ③兵庫県 ④三重県 ⑤滋賀県 ⑥和歌山県

16 ①−ウ ②−エ ③−イ ④−ア

考え方

13 近畿地方には、兵庫県、京都府、滋賀県、大阪府、奈良県、和歌山県、三重県の2府5県があります。

14 ①②近畿地方で府県名と府県庁所在地名がちがうのは、兵庫県(神戸市)、滋賀県(大津市)、三重県(津市)です。

15 ②京都府は瀬戸内海には面していません。④三重県は中部地方の愛知県と岐阜県にせっしています。

16 ①は大阪府、②は滋賀県、③は三重県、④は和歌山県をしめしています。

05 中部地方 ▶p.106-107

18 ①甲府 ②長野 ③富山 ④岐阜 ⑤名古屋

19 ①福井 ②新潟 ③山梨

20 ①富山県 ②静岡県 ③山梨県 ④石川県 ⑤エ

考え方

17 中部地方は、日本海に面している新潟県、富山県、石川県、福井県と、内陸にある山梨県、長野県、岐阜県、太平洋に面している愛知県、静岡県の９県があります。

18 ②長野県は、新潟県、富山県、岐阜県、愛知県、静岡県、山梨県、埼玉県、群馬県とせっしています。

19 ①「越前」は福井県あたりの昔の地名です。②新潟県には、日本一長い信濃川が流れています。③山梨県は果実のさいばいがさかんです。

20 ④中部地方で県名と県庁所在地名がちがうのは、愛知県（名古屋市）と山梨県（甲府市）、石川県（金沢市）です。

06 関東地方 ▶p.108-109

22 ①水戸 ②栃木 ③前橋 ④埼玉 ⑤横浜

23 ①ウ ②エ ③ア ④イ

24 ①キャベツ ②茨城 ③埼玉

考え方

21 関東地方には、群馬県、栃木県、茨城県、埼玉県、千葉県、東京都、神奈川県の１都６県があります。

22 ②いちごの品種である「とちおとめ」の名前は、栃木県に由来しています。

23 ①は千葉県、②は茨城県、③は神奈川県、④は栃木県をしめしています。

24 ①群馬県西部の長野県とせっしている地いきはすずしく、キャベツやレタスなどの生産がさかんです。②利根川は日本一流域面積が広い川です。③埼玉県の位置を、地図でかくにんしておきましょう。

07 東北地方・北海道地方 ▶p.110-111

26 ①札幌 ②秋田 ③盛岡 ④仙台 ⑤福島

27 さおり：北海道 まゆみ：宮城県

28 ①エ ②イ ③ウ ④ア

考え方

25 東北地方には、青森県、秋田県、岩手県、山形県、宮城県、福島県の６県、北海道地方には北海道があります。

26 ②東北地方の日本海側には、米の生産がさかんな県が多いです。

27 北海道には、世界自然遺産に登録されている知床をはじめ、海や山のゆたかな自然があります。広大な土地をいかした農業もさかんです。

28 ①は秋田県、②は青森県、③は山形県、④は福島県をしめしています。

08 水はどこから ▶p.112-113

30 ①雨 ②森林 ③じょう水場 ④海

31 ①安全 ②水質けんさ ③水もれ ④水道管

32 （イ）→ア→エ→ウ

考え方

29 川などから流れてくる水を、わたしたちが使えるようにきれいにするのがじょう水場、使った水をきれいにするのが下水しょ理場です。

30 水のじゅんかんをしめした図です。①海で発生する水蒸気が雲となり、雨や雪をふらせます。④使った水をそのまま流すのではなく、下水しょ理場できれいにしてから、海や川へ流します。

31 安全でおいしい水を家庭や学校などにとどけるために、さまざまなチェックが行われています。③かぎりある水をむだにしないように、水もれのチェックを行います。

32 イダムは、生活に必要な水をたくわえる以外にも、川の水の量を調整する役割があります。

09 ごみはどこへ ▶p.114-115

34 ①分別
②もえるごみ エ　もえないごみ ウ
しげん物 ア　そ大ごみ イ

35 ①エ→イ→ア→ウ
②うめ立てられる

36 ①リサイクル　②リデュース　③リユース

考え方 33 もえるごみは清そう工場に運ばれますが、かんやペットボトル、紙類などのしげん物はリサイクルされ、新しい製品となって再利用されます。

34 ②そ大ごみは、家具などのごみぶくろには入らない大きなごみです。ごみの分類は市や町によって変わることもあります。分別してからごみを出すことで、リサイクルしやすくなり、ごみをへらすことにつながります。

35 ②清そう工場でもやした後に出るはいは、再利用できるものは取り出し、残りはしょ分場へ運ばれ、うめ立てられます。

36 3R(リデュース・リユース・リサイクル)は、ごみをへらすための取り組みです。それぞれの内容をかくにんしましょう。

10 自然災害 ▶p.116-117

37 ①防災訓練　②防災計画　③自衛隊
④家族

38 けんた

39 ①ア、イ、エ　②(ひなん)場所

40 ①×　②○　③○　④×　⑤○

考え方 37 ①地震などの自然災害にそなえて、防災訓練をすることで、実際に自然災害が起こったときに、あわてずに行動することができます。

38 けんたさんの会話は、交通事故をふせぐための取り組みについてのものです。

39 ①災害にそなえてほぞんしておくものには、日持ちのするほぞん食や水、懐中電灯、ラジオ、トイレットペーパーなどの日用品などがあります。②地図を見たり、実際におとずれたりして、家族が集まることができるひなん場所をかくにんしておきましょう。

40 ①学校だけでなく、地いきでもひなん訓練を行う必要があります。②地震が起きたとき、海の近くでは津波が起こるかもしれないので、ニュースなどで津波じょうほうをかくにんすることが大切です。⑤このような地図をハザードマップ(防災マップ)といいます。

11 地いきの伝統と発てん ▶p.118-119

42 ①12　②3　③7　④1　⑤2　⑥5

43 ウ

44 ①世界遺産　②観光客　③ぼうえき
④伝統

考え方 41 年中行事は、一年の決まった時期に行われる行事です。また、きょう土の発てんのためにどのようなことが行われてきたのか調べてみましょう。

42 ①クリスマスはキリスト教の行事です。それぞれの行事でどのようなことを行っているのかおさえましょう。

43 きょう土資料館で働く人の話の中から、水が不足していたことを読み取りましょう。用水路をつくることで、大きな川から水を引き、水を利用しやすくなりました。その結果、農業がしやすくなり、農産物の生産量もふえました。

44 それぞれの都市には、さまざまな特色があり、これらの特色をいかしたまちづくりが行われています。①世界遺産は、世界で守っていくべき文化や自然かんきょうとして、世界の国ぐにによって決められた遺産です。

監修者　石田勝紀

（一社）教育デザインラボ代表理事。元公立大学法人 都留文科大学特任教授。1968 年横浜市生まれ。20 歳で学習塾を創業し、これまでに 4,000 人以上の生徒を直接指導。「心の状態を高める」「生活習慣を整える」「考えさせる」という 3 つを柱に指導することによって学力、成績を引き上げるのみならず、社会に出ても活用できるスキルとマインドの両方を習得させてきた。現在は子育てや教育のノウハウを、「カフェスタイル勉強会～ Mama Cafe」、執筆活動、講演活動を通じて伝えている。国際経営学修士（MBA）、教育学修士（東京大学）。著書に『21 世紀を生き抜く学びを育てる小学生の勉強法』（新興出版社）、『子育て言い換え事典』（KADOKAWA）、『子どものスマホ問題はルール決めで解決します』（主婦の友社）、など多数。

【連載記事】
東洋経済オンラインで「ぐんぐん伸びる子は何が違うのか？」を隔週木曜日に連載し、累計 1.2 億 PV（2022 年 1 月段階）を超える。

【公式サイト】
https://www.ishida.online

LINE 公式アカウントで家庭学習をサポート

学習に役立つ情報を配信！ご購入いただいた教材を登録いただき、アンケートに答えると、プレゼント抽選に応募できます。いただいた情報は適切に管理し、商品開発、お客様への連絡に使わせていただきます。

新興出版社
LINE 公式アカウント

LINE をお使いでない方は
Web からも
ご利用いただけます。

新興出版社のキャンペーンサイト

下記ホームページで各種キャンペーンを行っています。
https://www.shinko-keirin.co.jp/shinko/campaign/

発行所　株式会社 新興出版社啓林館
代表者　佐藤諭史

〒 543-0052　大阪市天王寺区大道 4 丁目 3 番 25 号
〒 113-0023　東京都文京区向丘 2 丁目 3 番 10 号
営業　0120-580-156　編集　0120-402-156
受付時間 9:00 ～ 17:00（土・日・祝日を除きます。）

ISBN978-4-402-33304-1

C6337　￥1300E

定価 1,430円

（本体1,300円＋税10%）